W0066046

rororo sport
Herausgegeben von Bernd Gottwald

Training · Technik · Taktik

HORST OBSTOJ / KAREL KNAP
HANS-GEORG SUCHOTZKI

KAJAK
UND CANADIER

Rowohlt

Originalausgabe

Lektorat Burghard König
Umschlaggestaltung Büro Hamburg
(Foto: A. HUBRICH/G + J Fotoservice)
Typographie Werner Rebhuhn/Layout Angelika Weinert
Fotonachweis siehe Seite 187
Veröffentlicht im Rowohlt Taschenbuch Verlag GmbH,
Reinbek bei Hamburg, März 1978
Copyright © 1978 Text und Abbildungen
by Rowohlt Taschenbuch Verlag GmbH, Reinbek bei Hamburg
Alle Rechte vorbehalten
Satz Times (Linotron 505 C)
Gesamtherstellung Clausen & Bosse, Leck
Printed in Germany
1280-ISBN 3 499 17018 3

Inhalt

Horst Obstoj

Freizeitwert des Kanusports

Die Schar derer, die aus den verschiedensten Motiven zum Kanusport finden, wird immer größer. Durch Aktionen des Deutschen Sportbundes (DSB), aber auch durch Aktivitäten der verschiedenen Gruppen innerhalb des Deutschen Kanu-Verbandes (DKV) entdecken mehr und mehr Männer und Frauen den Reiz dieser Sportart. Paddeln wird zunehmend bekannter und beliebter; das gilt gleichermaßen für Kajaks und Canadier, die beide unter den Oberbegriff Kanu gefaßt werden.

Breit gefächert und abwechslungsreich ist das Angebot des Kanusports mit seinem heute unumstrittenen Freizeitwert. Kanusport umfaßt das gemächliche Bummeln auf Seen, die sportliche Bewältigung langer Streckenabschnitte auf Flüssen und Strömen, die teils beschauliche, teils beschwerliche Fahrt auf enggewundenen Kleinflüssen und überwachsenen Bächen, die rasante Fahrt auf Wildflüssen durch Täler und Schluchten der Gebirge.

Das Fahren in den kleinen, wendigen Booten steht nahezu jedem offen, der heraus will aus den Zwängen des Alltags, aus dem Lärm und Stress der Arbeitswelt, aus der Hektik unserer Städte. Es schont die Nerven und wirkt entspannend. In ständigem Kontakt mit der Natur führt jede Bootsfahrt zu Entdeckungen, zur Befriedigung der mehr oder weniger vorhandenen Abenteuerlust. Hinzu kommen die gemeinsamen Erlebnisse in der Gruppe oder im Verein. Andererseits bietet gerade der Kanusport dem Individualisten genügend Entfaltungsmöglichkeiten.

Von Bedeutung ist der physiologische Wert des Kanusports. Die gleichmäßige, gut dosierbare Belastung des Herz-Kreislauf-Systems und der Muskulatur führt zu hoher Sauerstoffaufnahme, ohne daß der Organismus überbeansprucht wird. Damit gehört Kleinbootfahren zu

den gesündesten Dauersportarten überhaupt und kann gleichermaßen von jung und alt betrieben werden.

Kanubesitzer kann auch der werden, der nicht in der Lage ist, allzu große Anforderungen an den Geldbeutel zu stellen. Man erschließt sich mit relativ geringem finanziellen Aufwand eine Fülle von Erlebnissen, die nur der Kanusport bieten kann.

Der Weg von der sportlichen Befahrung des Wildwassers bis hin zum Leistungssport ‹Wildwasserrennen› oder ‹Kanuslalom› ist nicht weit. Ähnlich verhält es sich mit der Tagesetappenfahrt auf dahinströmenden Gewässern bis zu den besonders in den siebziger Jahren in Mode gekommenen Kanu-Rallyes. Zu den ältesten Leistungssportdisziplinen der Kanuten gehört das Kanurennen auf stehendem Wasser in abgesteckten Bahnen über bestimmte Distanzen. Bei Fahrten auf großen Gewässern machte man sich die Vorteile des Segelns zunutze. Es entstand das Faltbootsegeln, und daraus entwickelte sich später der Leistungssport ‹Kanusegeln›. In den zwanziger Jahren entstand das ‹Kanupolo›, ein jetzt wiederentdecktes Mannschaftsspiel mit Boot und Ball.

Der Paddler benötigt keinen Führerschein. Je größer jedoch die Zahl der organisierten und nichtorganisierten Wanderfahrer, Wochenend- und Urlaubsbummler wird, desto wichtiger ist es, daß diese mit den für sie notwendigen Regeln und Informationen vertraut werden. Ein solches Grundlagenwissen schützt vor bösen Überraschungen bei der Fahrt auf eigenem Kiel oder bei dem Kauf eines Boots und des notwendigen Zubehörs.

Das vorliegende Buch stellt dem *Anfänger* dieses Wissen bereit, wobei ihm die zahlreichen Abbildungen das Verständnis erleichtern. Der *Fortgeschrittene* wird genügend Tips und Anregungen finden, wie er sich gezielt auf die Saison vorbereiten kann und welche Techniken es zu verbessern gilt. Der *Übungsleiter* schließlich kann auf methodisch und didaktisch bewährte Unterrichtsmaterialien zurückgreifen, von denen jeder profitiert, der eine sinnvolle Freizeitgestaltung, einen individuell dosierbaren Ausgleichssport und ein unmittelbares Naturerleben im Kanufahren sucht.

Die erste Bekanntschaft mit dem Kanusport

Beim Planschen auf der Luftmatratze oder bei einer Kahnpartie beginnt für manchen der Spaß am Bootfahren. Tatsächlich hat diese Art der Fortbewegung auf dem Wasser nicht allzuviel mit dem Freizeiterlebnis zu tun, das der Kanusport seinen Anhängern bereitet. Einen ersten Eindruck mag der gewinnen, der während eines Urlaubs am See oder beim Spaziergang am Fluß Wasserwanderer beobachtet. Vielleicht erhält man auch eines Tages eine Einladung, an einer Fahrt mit

Kleinbooten teilzunehmen. Wieder andere werden aufmerksam durch
Sportreportagen in Fernsehen, Presse und Rundfunk.
Wer die Bekanntschaft mit dem Kanusport über Film oder Fernsehen
gemacht hat, denkt in Verbindung mit dem Begriff ‹Kanu› häufig nur an
schwierige Abfahrten auf dem Wildwasser. Nur selten vermitteln diese
Medien Informationen über die Form des Kanusports, die von der
Mehrheit seiner Anhänger betrieben wird: das Wasserwandern. Hieran
sollte sich der Anfänger zunächst und nicht an den sportlichen Höchst-
leistungen orientieren.

Kanufahren kann jeder
Hat der Anfänger sich mit seinem Boot erst einmal vertraut gemacht,
wird er es von Fahrt zu Fahrt besser beherrschen und daran interessiert
sein, sich technisch und athletisch weiterzubilden. Dazu tragen ein
vernünftiges Training und eine fachgerechte Schulung bei. Durch die
damit erreichbare Steigerung und Koordination von Kraft, Reaktionsvermögen, Ausdauer und Geschicklichkeit kommt er schon bald zu
Erfolgserlebnissen.
Kanufahren ist nicht einer Gruppe von Superathleten oder Abenteu-
rern vorbehalten. Jeder kann diesen Sport ausüben und sein Können
mit Hilfe der im folgenden gegebenen Anleitungen und Trainingsme-

thoden vervollständigen. Der Interessent erhält einen Eindruck von
den sportlichen Anforderungen und materiellen Voraussetzungen.
Ausführlich werden die verschiedenen Kanusportzweige dargestellt
und Wege aufgezeigt, die vom familiengerechten Freizeitsportvergnü-
gen über den vereinsmäßigen Wettkampfsport bis hin zu extremen
Wildwasserunternehmungen und schließlich zum Hochleistungssport
führen.

Voraussetzung für die Zulassung zum Wettkampfsport ist eine ärztliche
Bescheinigung über die Sporttauglichkeit, auf die auch Freizeitkanuten
nicht verzichten sollten.

Darüber hinaus gilt: *Wer Kanusport betreibt, muß schwimmen können.* Nichtschwimmer gehören auch nicht als Mitfahrer in das Boot.
Unsichere Schwimmer und Kinder sollten stets eine Schwimmweste
oder Schwimmhilfen tragen. Im Fall eines Unglücks trägt stets der
Bootsführer die volle Verantwortung für die Mannschaft. Er muß in der
Lage sein, heikle Situationen meistern zu können und in Bedrängnis
geratenen Kanuten zu helfen.

Grundsätzlich sollte man sich auf dem Wasser ebenso diszipliniert
verhalten wie im Straßenverkehr. Bei feuchtkalter Witterung ist die
scheinbare Erwärmung durch Alkohol mit Vorsicht zu behandeln;
denn Alkohol beeinträchtigt die Reaktionsfähigkeit und belastet den
Organismus. Man schwitzt leicht, und die Oberflächenverdunstung
durch die Poren der Haut bewirkt eine Abkühlung des Körpers. Deshalb ist angeraten, sich warm anzuziehen und auf Alkohol zu verzichten.

Beachtet werden sollten die im ersten Halbjahr 1983 von den Wasser-
sportverbänden gemeinsam erarbeiteten «10 goldenen Regeln für das
Verhalten von Wassersportlern in der Natur» und die vom DKV speziell für Kanuwandersportler aufgestellten «Grundregeln». Sie sollen
die Aufmerksamkeit auf den Schutz von Flora und Fauna im Bereich
der Gewässer vertiefen und auf die Einhaltung bestimmter Sicherheits-
maßnahmen hinweisen, die vor allem für Neupaddler richtungweisend
sind. Sie sind im jährlich erscheinenden DKV-Sportprogramm enthalten, das gegen Freiumschlag von der DKV-Geschäftsstelle bezogen
werden kann (Anschrift siehe Seite 178).

Inzwischen sind vorwiegend aus Gründen des Natur- und Artenschut-
zes rund 70 Flüsse bzw. Flußoberläufe oder Flußabschnitte durch die
zuständigen Aufsichtsbehörden für die Befahrung auch durch Paddelboote ganzjährig oder zeitlich begrenzt gesperrt. Eine Übersicht ist
gegen Rückporto ebenfalls von der DKV-Geschäftsstelle erhältlich.

Horst Obstoj

Kajak und Canadier

Die Vorläufer

Bereits etliche Jahrtausende vor unserer Zeitrechnung fuhren Vorläufer jener heute unter dem Sammelbegriff ‹Kanu› bekannten Boote auf den natürlichen Verkehrsverbindungen, den Wasserwegen. Diese Fahrzeuge wurden aus den Stämmen gefällter Bäume oder den Fellen erlegter Tiere gebaut. Man benötigte Boote zur Jagd, zum Transport, aber auch zu Raubzügen. Zweifellos waren Kanus die ersten Fahrzeuge, die man zur Erkundung neuer Jagdgebiete und zur Eroberung neuer Territorien benutzte.

Das auf etwa 6000 Jahre geschätzte Boot, das bei Ur von englischen Archäologen im Grab eines sumerischen Königs gefunden wurde, gilt als das nachweisbar älteste Kanu der Welt. Die Form des aus Silber gefertigten Modells läßt erkennen, daß die Boote zu jener Zeit bereits eine bemerkenswerte Entwicklung hinter sich hatten.

Die Urformen der heute mit *Canadier* bezeichneten Sportboote sind in den Einbäumen der Naturvölker, den Auslegerbooten der Südseebewohner und nicht zuletzt in dem Canoe der nordamerikanischen Indianerstämme zu sehen. Die typischen Merkmale – die hochgezogenen Bug- und Heckpartien – sowie das zum Fahren benutzte Stechpaddel haben sich bis heute erhalten. Die modernen *Kajaks* lassen sich auf die heute noch von den Eskimos verwendeten Kanus zurückführen. Diese fertigen aus einem Gerüst, das sie mit der Haut erlegter Robben oder Rentiere bespannen, ein kleines, äußerst wendiges Boot, mit dem sie auf Jagd fahren und Beutetiere transportieren. Bis auf eine enge Einstieg- oder Sitzluke für den Fahrer ist es geschlossen. Sitzt er darin, so

links: Rennfaltboot von den Olympischen Spielen 1936
Mitte: Einbaum vom Mondsee (Österreich)
rechts: Kajak der Eskimos

Kajak (vorn)
Canadier (hinten)

dichtet er die Luke mit seiner Kleidung völlig ab. Selbst wenn er sich nach einer Kenterung wieder aufrichtet (eskimotiert), erweist sich diese Abdichtung als ausreichend. Der Jäger sitzt auf dem Boden des Boots und benutzt ein sogenanntes Doppelblattpaddel. – Fahrweise und Bootsform wurden bis heute beibehalten.

Die Fahrweise

Beiden Bootstypen gemeinsam ist die Art des Fahrens, die sich von der eines Ruderboots grundsätzlich unterscheidet. Während Ruderer mit dem Rücken zur Fahrtrichtung die Riemen handhaben, fährt ein Kanufahrer immer in Blickrichtung vorwärts. Hierbei ruht der Fahrer eines Canadiers mit einem oder beiden Knien auf einer weichen Unterlage und stützt sich mit dem Gesäß am schräggestellten Sitzbrett ab (ausgenommen beim Kanurennsport). Die größeren Canadier haben als Wander- oder Familienboote Sitzbretter; die Kajaks sind mit einem Sitz ausgestattet.

Die Stechpaddel in den Canadiern und die Doppelblattpaddel in den Kajaks werden von den Fahrern frei mit Armen und Händen geführt. Sie sind nicht wie Ruderriemen über Ausleger und Dollen mit dem Boot verbunden, sondern der Fahrer stellt mit seinem Körper die Verbindung zum Boot her.

Start zur Kanu-Rallye

Bootsarten und ihre Eignung

Größe und Art der Kanus, allgemein Paddelboote genannt, hängen vom Verwendungszweck und den einzelnen Kanusportdisziplinen ab. Inzwischen gibt es etwa zweihundert verschiedene Typen von Kanus. Für den Wettkampf- und Leistungssport ist die Auswahl hinsichtlich der Maße und des Gewichts entsprechend den gültigen Regeln begrenzt. Der Wasserwanderer oder Freizeitkanusportler dagegen muß selbst entscheiden, welches Boot für ihn und seine Familie optimal ist. Für die Leistungssportler wird die Frage nach dem richtigen Boot zu Beginn der sportlichen Laufbahn kaum von Bedeutung sein. Sportwarte und Trainer weisen ihnen die für sie zweckmäßigen Boote zu, die in den meisten Fällen Vereinseigentum sind. Der Sportler trägt in der Regel nur die Kosten für Paddel und Spritzdecke. Der Freizeitpaddler dagegen ist fast ausschließlich auf ein eigenes Boot angewiesen, auch wenn er einem Verein angehört. Die weitaus größte Zahl der Kanuvereine oder Kanuabteilungen von Sportvereinen stellen nur Bootsliege-

plätze und einen Spind. In seltenen Fällen ist das Boot eines ehemaligen
Mitglieds in Vereinseigentum übergegangen, das dann auch einmal an
Anfänger ausgeliehen wird. Diese können so an den ersten Gruppen-
fahrten zum Erlernen der Grundbegriffe teilnehmen. Ansonsten verfü-
gen viele Vereine über eigene Mannschaftsboote für Gruppenfahrten.
Derjenige, der sich einem Verein anschließt, erfährt sehr bald, welches
Boot für ihn das richtige ist, und darüber hinaus einiges mehr über die
Zweckmäßigkeit und Beschaffung notwendiger Ausrüstungsgegen-
stände. Scheut man aus irgendwelchen Gründen den Kontakt zu einem
Verein oder einer anderen Organisation, so wendet man sich am besten
an einen Bootshersteller, der in der Regel auch den Verkauf selbst
vornimmt. Meist handelt es sich dabei um ehemalige aktive Kanusport-
ler, die gern mit Rat und Tat helfen.
Grundsätzlich sollte man sich vor dem Kauf eines Boots darüber klar-
sein, welchen Zweck es zu erfüllen hat:
Welche Gewässer will ich befahren?
    Binnenseen,
    ruhige Flüsse,
    Kleinflüsse,
    Wildwasser oder
    Küstengewässer
Welche Art von Fahrten will ich durchführen?
    Tagesausflüge,
    Wochenend- oder Urlaubsfahrten mit Familie und Kindern oder
    Abenteuer- und Entdeckungsfahrten, bei denen das Sportliche ent-
    scheidend ist.
Die folgende Aufstellung über Bootsarten und ihre Eignung soll dem
Anfänger eine Entscheidungshilfe bei der Anschaffung und bei seinen
Unternehmungen sein, soweit sie sich auf das Gebiet des Wasserwan-
derns erstrecken. Für andere Kanusportarten gelten unterschiedliche
Maßstäbe. Experten befahren unter günstigen Umständen sogar im
Faltbootzweier einen Wildfluß mit Schwierigkeitsgrad IV–VI. Das
kann jedoch nicht verallgemeinert werden.
Die Aufstellung bezieht sich auf normale Wasserstandsbedingungen.

	Binnen-see	Meer/Küste	Wildwasser bis Stufe II	Wildwasser darüber	Zahm-wasser
Kajaks: Kunststoff-Einer	gut	gut*	gut	gut	gut
Kunststoff-Zweier	gut	gut*	gut	bedingt brauch-bar	gut
aufblasbare Einer	bedingt gut*	brauch-bar***	gut	gut	gut
aufblasbare Zweier	bedingt gut*	brauch-bar***	gut	bedingt gut	gut
Faltboot-Einer	gut	gut*	gut	brauch-bar	gut
Faltboot-Zweier	gut	gut*	brauch-bar	bedingt brauch-bar	gut
Canadier: Einer	brauch-bar	bedingt brauch-bar**	gut	brauch-bar	gut
Zweier	brauch-bar	bedingt brauch-bar**	gut	gut	gut
Mehr-sitzer	gut	bedingt brauch-bar**	brauch-bar	un-brauch-bar	gut

* nur mit Steuervorrichtung
** nur in unmittelbarer Strandnähe
*** nur in unmittelbarer Strandnähe und mit Steuervorrichtung

Die aufblasbaren Kajaks sind robuster, als anfänglich angenommen, jedoch windempfindlich; für größere Fahrten (Meer/Küste) haben sie einen zu geringen Stauraum. Auf keinen Fall darf man sie mit den im Versandhandel und jedem Kaufhaus erhältlichen Gummibadebooten verwechseln.

Auch die Canadier sind sehr windempfindlich und nicht mit einer Steuervorrichtung versehen, weshalb sie trotz des großen Stauraums für längere Meer- und Küstenfahrten nicht zu empfehlen sind.

Wer ausschließlich mit der Familie nur auf Binnenseen oder größeren Flüssen fahren will, sollte sich für den großvolumigen Canadier entscheiden, vor allem dann, wenn Kinder mitgenommen werden. Er bietet bei Urlaubs- oder Wochenendfahrten viel Stauraum für das Gepäck und genügend Bewegungsspielraum für die Kinder und garantiert zudem große Stabilität sowie Kentersicherheit. Die Firmen liefern Abdeckplanen (Persennings), die in Verbindung mit Spritzdecken die Bootsinsassen sowie die mitgenommenen Utensilien schützen.

Zweierkajaks bewähren sich auf diesen Gewässern ebensogut und sind ganz besonders für Fahrten in Küstengewässern geeignet. Versieht man sie mit einer Steuervorrichtung, dann werden sie besonders richtungsstabil. Sie bieten den Fahrern gegenüber einem Einerkajak etwas mehr Bewegungsfreiheit – ein Vorteil, der sich vor allem bei längeren Fahrten positiv bemerkbar macht. Außerdem kann der erfahrenere Hintermann (Steuermann) den vor sich im Boot sitzenden Anfänger besser einweisen, ihm helfen und Sicherheit geben.

Will man vor allem sportlich fahren, sind Einerkajaks zu empfehlen. Sie eignen sich je nach Ausführung für jedes Gewässer, gewährleisten Unabhängigkeit und können ebenfalls mit Steuervorrichtungen versehen werden. In zweien von ihnen läßt sich ebensoviel verstauen wie in einem Zweierkajak.

Alle diese Bootstypen gibt es mit unterschiedlich großen Sitzluken. Die mit den größeren Sitzluken sind vor allem dann vorteilhaft, wenn viel Gepäck zu verstauen und man selbst nicht so gelenkig ist.

Soll sehr bewegtes Wasser und schließlich Wildwasser befahren werden, so ist zu Booten mit kleineren Sitzluken zu raten. Man kann alle Einstieg- bzw. Sitzluken mit Spritzdecken und Wildwasserschürzen abdecken und wasserdicht verschließen. Zudem ist die Fläche der Spritzdecken kleiner und kann dem Druck durch größere Wassermengen besser widerstehen.

Das *Fahrverhalten* der Boote wird von den Arten und Formen der verschiedenen Bootsbauelemente grundlegend beeinflußt. Die wichtigsten sind Kiel, Spanten, Steven und Bootsform. So wird zum Beispiel durch einen gerade gezogenen Kiel in Verbindung mit entsprechenden

Kunststoffkajaks

Steven und Spanten eine hohe Kursstabilität erreicht. Der gebogene Kiel mit deutlich höher liegenden Kielenden bewirkt zwar eine größere Wendigkeit auf dem Wasser, aber auch die besonders für einen Anfänger schwer auszugleichende Kursinstabilität. Durch die verschiedenen Kombinationen dieser Bauelemente und ihre Abstimmung aufeinander kann man eine nahezu optimale Eignung für alle Zwecke und Disziplinen des Kanusports erreichen.

Für den Anfänger scheint zunächst ein Boot mit flachem Spant und ohne sichtbare Kiellinie kippsicherer als ein auf Kiel gezogenes Boot. Ein Boot mit geradem Kiel läuft jedoch besser geradeaus und ist auch etwas schneller. Nach kurzer Gewöhnungszeit ist es tatsächlich nicht kippliger als das zuerst genannte Boot.

Grundsätzlich hat jedes Boot Vorzüge und Nachteile. Entscheidend ist die Frage, zu welchem Zweck es konstruiert und angeschafft wurde. Die jeweiligen Vorzüge zeigen sich mit zunehmender Kenntnis von den Grundbegriffen der Fahrtechnik.

Über dem Äußeren eines Boots sollte man das Innere nicht außer acht lassen. Bei den Kunststoffkajaks sind Sitzschale, Becken- und Fußstütze von besonderer Wichtigkeit. Nur wenn sie paßgerecht sind, findet der Fahrer den Kontakt zum Boot, der für eine optimale Fahrweise erforderlich ist. Deshalb muß die Fußstütze verstellbar sein. Sitzschale und Beckenstütze müssen den körperlichen Gegebenheiten entsprechen, da eine zu enge oder zu weite Sitzschale die Freude am Bootfahren erheblich mindert. Niemand sollte deshalb auf ein ‹Probesitzen› verzichten. Bei einem zu ebener Erde gelagerten Boot ist das kein Problem. Änderungswünsche sollte man getrost äußern, denn sie lassen sich in der Regel verwirklichen.

Hat ein Interessent die genannten Kriterien berücksichtigt, bevor er sich endgültig für den Kauf eines Boots entscheidet, so wird ihm das neue Sportgerät viel Freude bereiten.

Anschaffungskosten

Ein Einerkajak (inzwischen nur noch aus Kunststoff hergestellt) mit Erstausstattung an Zubehör kostet je nach Art und Ausführung 800 bis 1200 Mark. Obwohl im Laufe der Zeit noch einiges mehr für Spezialzubehör dazukommt, sind die Gesamtkosten auch für Normalverdiener erschwinglich. Das pflegeleichtere Kunststoffboot ist in der Regel preiswerter als ein pflegeintensives Faltboot; das gilt besonders für Zweierkajaks. Canadierboote für den Wander- und Wildwassersport werden ausschließlich aus Kunststoff hergestellt.

Wer nicht sofort rund 1000 Mark aufwenden will, sollte sich an einen der Bootshersteller wenden; sie haben oft Sonderangebote am Lager, wie etwa Boote mit kleinen Farbfehlern.

Über einen Verein kann man oft schon für 200 bis 350 Mark ein gut erhaltenes Gebrauchtboot erwerben, mit dem man erste Erfahrungen sammeln kann. Mit Vorsicht zu behandeln sind dagegen sogenannte Billigangebote für Faltboote. Meist handelt es sich dabei um Faltboote wenig bekannter Fabrikate. Die PVC-Beschichtung der Bootshaut ist unter Umständen weniger geschmeidig und schwerer, so daß das Gewicht des Boots unnötig erhöht wird. Es ist unbedingt darauf zu achten, daß die Verarbeitung an den Verbindungsnähten zum Oberdeck einwandfrei ist. Oft sind die Holzteile nur mangelhaft lackiert und verrotten daher leicht.

Erstausstattung und Zubehör

Faltboote werden in der Regel mit komplettem Zubehör angeboten. Dazu gehören Kenterschläuche oder Spitzenbeutel, die das Boot weitgehend unsinkbar machen. Kommt es zu einer Kenterung, ist das Boot leicht zu bergen und geht nicht so schnell verloren. Deshalb benötigt man diese Hilfen auch für Kunststoffboote.

Einerfaltboot   Zweierfaltboot

Jedes Boot sollte mit einer sechs bis acht Meter langen Bootsleine
versehen werden. Man braucht sie nicht nur zum Festmachen des
Boots, sondern auch als Hilfsmittel beim Bergen, Umtragen oder Trei-
deln. Bestehend aus möglichst unverrottbarem Material wie Perlon,
muß die Leine mindestens acht Millimeter stark sein. Man sollte sie
nach Möglichkeit außen auf dem Boot so befestigen, daß sie jederzeit
griffbereit und lösbar ist. Auf keinen Fall sollte sie sich von selbst lösen
können oder frei im Boot herumliegen. Bei einer Kenterung oder
kritischen Situation könnte sie für den Bootsinsassen sonst zur Falle
werden. Praktisch ist es, wenn sie an den Enden mit Karabinerhaken
versehen ist.

Bug und Heck eines Boots sollten mit Kenter- oder Halteschlaufen versehen sein. Sie sollten aus dem gleichen Material bestehen wie die Bootsleine, da sie die gleichen Funktionen erfüllen.

Spritzdecken und Wildwasserschürzen müssen passend zu den Einstieg- oder Sitzluken vorhanden sein. Sie verhindern das Eindringen von Spritz- und Regenwasser; sie müssen wasserdicht und reißfest sein. Ein ebenso unentbehrliches Utensil ist ein Anorak, Paddeljacke genannt. Gut geeignet ist eine leichte, ebenfalls reißfeste und wasserdichte Ausführung mit verschweißten Nähten.

Es empfiehlt sich, einen aufblasbaren Kleider- und Fotobeutel mitzuerwerben; darin sind Ausweise, Geld, Kameras sowie etwas Wäsche und Kleidung zum Wechseln wasserdicht unterzubringen und gut verzurrt im Boot zu verstauen. Billiger sind wasserdicht verschließbare Gummisäcke. Sie haben jedoch keine separat eingefügten Luftkammern wie die aufblasbaren Beutel, dafür allerdings ein etwas größeres Fassungsvermögen.

Eine Rolle selbstklebendes Tesaband, etwa fünf Zentimeter breit, und Handwerkszeug für kleine Reparaturen sind selbstverständlich.

Kielstreifen verhindern ein Beschädigen des Faltboots beim Aufbau, Einsetzen oder Herausheben. Man kann sie entweder mit einem Spezialkleber selbst aufziehen oder die Bootshaut bereits beim Kauf gegen einen relativ geringen Mehrpreis damit versehen lassen.

Spezialisiert man sich auf die eine oder andere Kanusportart, kommt entsprechendes Zubehör hinzu, auf das man für den Anfang verzichten kann. Zunächst ist man mit der genannten Grundausstattung ausreichend gerüstet, um sich mit dem Kanufahren vertraut zu machen.

Faltboote werden grundsätzlich komplett, also auch mit einer Steuereinrichtung angeboten. Das Steuerblatt ist außenbords mit Hilfe einer dort befestigten Vorrichtung anzubringen. Bedient wird es durch Pedale, die am Fußbrett befestigt und über reißfeste Seile mit dem Steuer verbunden sind.

Das Steuer ist nützlich bei Fahrten auf weiten Wasserflächen, also dem Meer, auf Seen und Strömen. Es kann hinderlich sein bei Klein- oder Wildflußfahrten (Hängenbleiben, Verklemmen in Geäst, Steinen, Drahtseilen usw.). – Für den Aufbau von Faltbooten einschließlich Steuervorrichtung liefert der Hersteller Bauanleitungen. Natürlich sind auch Kunststoffwanderboote mit Steuervorrichtung erhältlich.

Das Steuer reagiert auf Fußdruck, solange die Geschwindigkeit des Boots schneller ist als die Strömung des Wassers. Drückt man das rechte Pedal in Fahrtrichtung nach vorn, stellt sich das Steuerblatt entsprechend nach rechts seitlich zur Längsachse des Boots. Durch den Wasserwiderstand wird so die Bootsspitze nach rechts (steuerbord) geführt. Analog verfährt man nach links (backbord). Diese Wirkung

Paddeln . . .

. . . ist eine Möglichkeit, um gegen den Strom anzukommen.

Aber mit dem Schwimmen und dem Paddeln gegen den Strom ist es wie mit dem Lernen und dem Sparen: Sobald man damit aufhört, geht's rückwärts.

Man kann sich allerdings einer Hilfe bedienen, um nicht nur gerade so über Wasser zu bleiben, sondern auch auf dem gewünschten Kurs vorwärtszukommen. Als Sportler mag man das ablehnen, als Sparer wird man es begrüßen.

Pfandbrief und Kommunalobligation

Meistgekaufte deutsche Wertpapiere - hoher Zinsertrag - schon ab 100 DM bei allen Banken und Sparkassen

Verbriefte Sicherheit

wird stark gemindert und unter Umständen aufgehoben, wenn die Strömungsgeschwindigkeit höher ist als die des Boots. In diesem Fall muß durch entsprechende Auslage mit dem Paddel nachgeholfen werden. Will man nach rechts, so können entweder mit dem linken Paddelblatt mehrere Steuerschläge vorwärts gemacht werden, oder aber man kontert, das heißt, man führt mit dem rechten Paddelblatt einige Rückwärtsschläge durch. Dabei verliert man zwar etwas an Fahrtgeschwindigkeit, stellt jedoch das Boot schneller in die gewünschte Richtung.

Paddel
Wie bei den Booten gibt es auch bei den Paddeln eine kaum überschaubare Zahl verschiedener Ausführungen. Während bei den Stechpaddeln für Canadierboote die Unterschiede hauptsächlich in der Länge, dem Gewicht und der Strapazierfähigkeit bestehen, ist es bei den Doppelblattpaddeln für Kajaks etwas komplizierter. Für Faltboote werden in der Regel teilbare Paddel mitgeliefert. Bei diesen ist das Schaftende der einen Hälfte mit einer Rundkopfschraube versehen, während das der anderen ein oder zwei Kerben hat, in welche die Schraube beim Zusammenfügen der Schäfte einrastet. Auf diese Weise wird die gewählte Verschränkung während der Fahrt stabilisiert.
Man sollte von Anfang an mit einem verschränkten, das heißt rechts- oder linksgedrehten Paddel fahren. Hierbei ist ein Paddelblatt waagerecht und das andere senkrecht angeordnet. Dadurch ist gewährleistet, daß während der Fahrt immer das waagerecht stehende Paddelblatt durch die Luft geführt wird und so den geringsten Widerstand bietet.
Das im Wasser befindliche Paddelblatt steht dagegen senkrecht. Es setzt so dem Wasser den größten Druck entgegen und wird durch die notwendige Drehung strömungstechnisch günstiger aus dem Wasser gehoben, während das andere ebenso optimal auf der jenseitigen Bootsseite eintaucht.
Derjenige, der die Drehbewegung mit der rechten Hand ausübt, bevorzugt ein rechtsgedrehtes Paddel, der Linkshänder ein linksgedrehtes.
Zur Bestimmung dieser Verschränkung gibt es für den Anfänger eine einfache Methode:
Die Paddelblätter haben eine hohle und eine erhabene Seite, die mehr oder weniger ausgeprägt sind. Man legt das Paddel vor dem Körper so nach der Seite, daß ein Blatt mit der Hohlseite nach unten zeigt. Das andere Blatt hält man hochkant in der Hand. Weist dessen Hohlseite nun nach links, so ist es ein linksgedrehtes Paddel; zeigt es nach rechts, handelt es sich um ein rechtsgedrehtes. Während man die Verschränkung bei teilbaren Paddeln selbst herbeiführen kann, muß man sie beim Kauf eines unteilbaren Paddels überprüfen.

Besonders wichtig ist die Länge eines Paddels. Die Länge richtet sich
nach der Körpergröße und ist durch eine einfache Methode zu bestimmen:
Aufrecht stehend wird ein Arm nach oben gestreckt. Wenn die Fingerspitzen die oberste Kante des Paddels berühren, hat das Paddel die
richtige Länge.
Wer sich für ein Kunststoffboot entscheidet, sollte zweckmäßigerweise
ein unteilbares Paddel wählen. Ein teilbares Paddel wird als Reserve-
paddel benötigt; es läßt sich während der Fahrt besser im Boot unter-
bringen. Für den Anfang kann es sich dabei um ein robustes handeln,
das auch ein etwas ungeschicktes Abstoßen vom Uferrand oder ein
Staken auf dem Gewässergrund verkraftet.
Da die Paddel für die verschiedenen Kanusportarten unterschiedlich in
ihrer Ausführung und ihrem Gewicht sind, werden Wettkampfsportler
bei der Auswahl stets vom Trainer beraten. Der Freizeitpaddler, dem
solche Hilfe nicht zur Verfügung steht, sollte für den Anfang immer ein
besonders stabiles Paddel bevorzugen.

Aufbau des Boots

Ist man erst einmal Bootseigentümer, dann möchte man naturgemäß so
schnell wie möglich auf das Wasser. Wer ein Faltboot erworben hat,
bekommt in der Regel eine leichtverständliche Aufbauanleitung mitgeliefert, die man beim erstenmal besonders sorgfältig und genau befol-
gen sollte. Wenn das Bootsgerüst einmal ungenau in die Bootshaut
eingepaßt und diese naß geworden ist, kann die Form des Boots für
immer verdorben sein. Man muß vor allem darauf achten, daß die
Oberkante der Bordwand deckungsgleich mit der Naht zwischen Ver-
deck und Bootshaut verläuft. Bei den heutigen Konstruktionen ist der
Aufbau kein technisches Problem mehr und in kurzer Zeit durchführ-
bar, nach einiger Übung sogar bei Dunkelheit.
Man sollte möglichst nicht auf kiesigem, sandigem oder aufgeweichtem
Boden aufbauen, weil das Reiben von Sand und Schmutz zwischen den
hölzernen Spanten und Stäben die Bootshaut von innen her zerstört.
Die Kielstreifen verhindern, daß Steine und scharfe Kanten von außen
die Haut beschädigen.

Paddelhaltung

Bevor man mit dem Einsteigen beginnt, sollte man bereits auf dem Trockenen die richtige Paddelhaltung einüben. Zu diesem Zweck hält man das Paddel über dem Kopf und umfaßt mit beiden Händen den Paddelschaft. Bei korrekter Haltung ist der Abstand beider Hände zu den Paddelblättern gleich; die Ober- und Unterarme bilden einen rechten Winkel (*siehe Foto*). Dieser Abstand gewährleistet das günstigste Hebelverhältnis und damit eine optimale Paddelführung. Bei zu engem Griff muß bei Zug und Druck erheblich mehr Kraft aufgewendet werden, um die gleiche Wirkung zu erzielen. Bei zu weitem Griff wird das Durchzugsvermögen vermindert, der Schlag folglich zu kurz und die Kraft nicht voll genutzt.

Auch die Paddelführung kann an Land geübt werden. Hierzu setzt man sich auf eine Bank, die den Bootskörper darstellen soll. Mit leicht nach vorn gestrecktem Arm wird das Paddel seitlich vorn so eingesetzt, als ob das Blatt senkrecht im Wasser und etwa im rechten Winkel zur gedachten Längsachse des Boots steht. Dadurch ist es möglich, das Paddelblatt parallel zu dieser Achse nach hinten zu ziehen (*Zugarm*). Gleichzeitig drückt der andere Arm (*Druckarm*) in Augenhöhe das entgegengesetzte Paddelblatt nach vorn. Mit einer Drehung um 90 Grad wird dieses eingetaucht, während das andere Blatt herausgeho-

ben wird. Wird dieser Vorgang während der Fahrt in rhythmisch gleichmäßiger Bewegung durchgeführt, so hält sie der geübte Fahrer stundenlang ohne Ermüdungserscheinungen durch.

Im Prinzip gilt dieser Bewegungsablauf für alle Kajakfahrer. Die zusätzlichen speziellen Techniken der einzelnen Kanusportdisziplinen werden in den entsprechenden Kapiteln noch erläutert.

Einsteigen

Grundsätzlich sollte das Boot mit dem Bug gegen die Strömung eingesetzt werden. Für den Neuling empfiehlt es sich, eine Uferstelle auszusuchen, die etwa so hoch ist wie das Oberdeck des zu Wasser gelassenen Boots. Dabei ist das Boot zunächst mit beiden Händen zu sichern.

Für den Anfänger sind zwei Arten des Einsteigens zu empfehlen:

1. mit Paddelbrücke

Wie der Name sagt, wird die Verbindung zwischen Boot und Ufer durch das Paddel hergestellt. Bei einer großen Einstiegluke legt man es vor diese und umfaßt beim Einsteigen mit der bootsseitigen Hand Paddelschaft und Süllrandspitze, während die andere Hand das Paddel fest auf den Uferboden drückt. Ist auf diese Weise eine Verbindung vom Ufer zum Boot geschaffen, so setzt man zuerst den bootsseitigen

Fuß in die Bootsmitte, aber nicht auf den Bootssitz, und zieht dann das andere Bein nach.

Bei engen Einstiegluken ist es günstiger, die Paddelbrücke hinter der Luke zu bilden. Hierbei stützt man sich nach hinten greifend mit beiden Händen auf den Paddelschaft, hebt die Beine nacheinander in das Boot und läßt sie unter das Vorderdeck gleiten (*Bildreihe links*). Bei dieser Art ist besondere Aufmerksamkeit geboten, denn das Körpergewicht muß deutlich uferseitig liegen, um mit den Füßen während des Einstiegevorgangs keinen Druck auf das Boot auszuüben. Auch hier ist es besser, wenn die bootsseitig aufgestützten Hände die hintere Süllrandmitte und den Paddelschaft erfassen. – Bei falscher Gewichtsverlagerung kann es leicht zu einer Kenterung kommen (*Bildreihe rechts*).

2. ohne Paddelbrücke

Zum Einsteigen erfaßt die bootsseitige Hand die Süllrandspitze, während man sich mit der anderen Hand am Ufer aufstützt. Hierbei ist jeglicher Druck zur Wasserseite hin zu vermeiden.

Der weitere Verlauf des Einsteigens erfolgt so, wie unter 1. beschrieben. Erst nach dem Hinsetzen sollte man das Ufer loslassen und das Paddel ergreifen.

Besonders zu Anfang besteht die Gefahr, daß nach dem Hinsetzen Boot und Mann vom Ufer abtreiben, weil dieser vollauf mit sich und dem Boot beschäftigt ist. Deshalb sollte man das Paddel immer so nahe an den Uferrand legen, daß es vom Boot aus leicht zu erreichen ist.

Das Einsteigen in Zweier und in mehrsitzige Boote ist problemloser. Zuerst steigt immer der vorn Sitzende ein, während der Hintermann das Boot vom Ufer aus festhält. Hat der Vordermann Platz genommen, so sichert dieser das Boot, bis der Hintermann Platz genommen hat. Möglichst sollte auch hierbei die Paddelbrücke zu Hilfe genommen werden. – Das Aussteigen erfolgt in allen Fällen in umgekehrter Reihenfolge.

Ein- und Aussteigen sollte man einige Male üben, bis es auch unter erschwerten Bedingungen sicher beherrscht wird.

Befestigen der Spritzdecke (Wildwasserschürze)

Bereits vor dem Einsteigen wird die Spritzdecke übergestreift. Die herabhängenden Ränder krempelt man nach oben, um eine Behinderung oder ein Daraufsetzen beim Einsteigen zu vermeiden. Bei der Befestigung am Süllrand kann ein anderer Kanute dem Anfänger bei den ersten Versuchen durch Festhalten des Boots vom Ufer aus behilflich sein.

Man beginnt das Schließen der Spritzdecke hinter dem Rücken, hakt dann die Spitze und schließlich die Seitenteile ein (*siehe Fotos*). Dabei

müssen die Zugschlaufen außen bleiben. Die Spritzdecke darf nicht zu
locker sitzen, damit sie sich nicht von selbst löst. Sie darf aber auch nicht
zu straff gespannt sein, damit sie vom Fahrer bei einer eventuellen
Kenterung leicht zu lösen ist.

Will man sich noch einmal zurechtsetzen, so darf man sich nie einseitig
aufstützen, sondern muß auch hierbei die Paddelbrücke anwenden
oder sich rechts und links auf den Süllrand stützen.

Ablegen, Fahren und Anlegen

Nach dem Einsteigen sollte man möglichst aufrecht und locker im Boot
sitzen, während die Füße Halt an der Fußstütze gefunden haben.

Je nach Form des Bootsrumpfs reagiert das Boot mehr oder weniger
empfindlich auf die geringste Gewichtsverlagerung. Deshalb sollte man
Balancierversuche anfangs möglichst vermeiden. Der Neuling reagiert
unbewußt entgegengesetzt der Kippbewegung des Boots. Ein Abkip-
pen nach rechts zum Beispiel wird durch Verlagerung des Körperge-
wichts nach links zu verhindern gesucht. Was auf dem Schwebebalken
oder auf dem Fahrrad Sinn hat, ist auf dem Wasser völlig falsch. Durch
das Abknicken in die entgegengesetzte Richtung drückt man den bereits zum Wasser geneigten Bootsrand noch tiefer hinunter (*siehe Foto*). Richtig ist es, wenn man bei einer Neigung des Boots zur rechten
Seite diese Bewegung durch Herabdrücken des linken Schenkels nach
links unten auszugleichen versucht. Diese Konterbewegungen lassen
sich im flachen Wasser üben, indem ein Helfer das Boot um die Längsachse hin und her dreht.

Nach dem Ablegen sollte man einfach lospaddeln. Man merkt sehr bald, daß durch das Eintauchen des Paddels Stabilität gewonnen wird. Unternimmt man auf einem ruhigen Gewässer die ersten Versuche, dann macht es auch nichts, wenn ein Boot ohne Steuervorrichtung zunächst einen Zickzackkurs beschreibt oder einige ungewollte Kreise dreht. Mit wachsender Praxis, verbesserter Paddeltechnik und entsprechender Gewichtsverlagerung verlieren sich solche Kursabweichungen sehr bald.

Ein wesentliches Hilfsmittel zur Stabilisierung des Boots ist die sogenannte *Paddelstütze*. Ein Paddelblatt wird flach auf das Wasser gelegt und wirkt wie ein Ausleger bei anderen Einrumpfbooten. Dabei muß immer die Hohlseite nach oben zeigen und schon bei leichtester Strömung schräg angestellt werden, so daß die zur Strömung geneigte Kante über der Wasseroberfläche bleibt. Sobald sie vom Wasser überspült und von der Strömung ergriffen wird, spricht man vom ‹Unterschneiden›, was die gegenteilige Wirkung eines Auslegers hat und leicht zur Kenterung führt.

Beim Anlanden ist es wichtig, das Boot gegen die Strömung oder den starken Wind zu stellen, so daß es gegen das zu erreichende Ufer getrieben wird. Alles andere vollzieht sich wie beim Einsteigen, nur in umgekehrter Reihenfolge (*siehe Fotos*). Ist man ausgestiegen, sollte man sofort das Boot festmachen oder hoch an Land ziehen, denn es könnte durch Wind, Wellen oder Strömung leicht abgetrieben werden. Noch einmal sei darauf hingewiesen, daß man seine ersten Paddelübungen auf ruhigem Wasser vollzieht. Erst wenn man genügend Sicherheit erreicht hat, kann man sich auf bewegtes Gewässer wagen, jedoch möglichst nicht allein und unter keinen Umständen auf Wildwasser.

Kenterung

Es ist gleichgültig, wo und auf welchem Wasser es zur Kenterung kommt (*siehe Bildreihe*). Es ist meistens unangenehm, aber nicht gefährlich, wenn im Boot nichts lose herumliegt und es nicht gerade in schwerem Wildwasser passiert. Die Spritzdecke löst sich, wenn sie vorschriftsmäßig befestigt ist, nach kurzem Zug an den Schlaufen, so daß der Fahrer mühelos aus dem Sitz rutschen kann. Sobald man aus dem Boot heraus ist, muß man in jedem Fall versuchen, an ihm zu bleiben. Das Boot ist durch Kenterschläuche unsinkbar und hat kieloben schwimmend Luft in den Hohlräumen. Nach Möglichkeit versucht man, das Paddel zu bergen und das Ufer zu erreichen. Hier legt man das Boot kieloben, so daß es nicht davonschwimmen kann. Durch leichtes Drehen bei vorsichtigem Anheben läßt man zunächst einen Großteil des eingedrungenen Wassers aus der Sitzluke laufen. Danach hebt man im Wechsel Bug und Heck, bis alles Wasser ausgeflossen ist. Hatte man viel Gepäck im Boot verzurrt, so muß es natürlich vor der endgültigen ‹Trockenlegung› entfernt werden. Wer ungeduldig versucht, sein Boot hochzureißen, läuft Gefahr, daß es infolge des hohen Wassergewichts durchbricht.
Ein leichtes, leeres Boot läßt sich mit etwas Geschick bereits im Wasser herumdrehen, sofern die Wellen nicht zu stark sind. Dann kann der Fahrer über das Heck

langsam bis zur Sitzluke heraufrutschen und hineingelangen. Ehe man
das im Ernstfall versucht, sollte man es einige Male geübt haben. Bei
einer Kenterung im Wildwasser bleibt man ebenfalls so lange wie
möglich am Boot und versucht, mit diesem eventuell unter Ausnutzung
des Kehrwassers hinter Hindernissen zum Stand und zur anschließenden Bergung zu kommen. Auf jeden Fall muß man schleunigst aus dem
Boot herauskommen, da es, einmal eingeklemmt, von der Wucht des
Wassers zusammengedrückt werden kann. In dieser gefährlichen Lage
sollte man sich selbst zuerst in Sicherheit bringen und hoffen, das Boot
in einem Kehrwasser treibend wiederzufinden.

Gerät man bei einer Kenterung in Strudel, Wirbel oder Walzen, soll
man nie versuchen, an der Wasseroberfläche zu bleiben, um von dort
herauszuschwimmen. Leichter und ungefährlicher ist es, von unten zur
Seite hin bzw. stromabwärts wegzutauchen.

Sieht man sich bei Wildwasser- oder Kleinflußfahrten plötzlich Barrie-
ren aus Treibgut oder umgestürzten Bäumen und Gesträuch gegenüber
und kann das Ufer nicht mehr erreichen, wird eine Kenterung ebenfalls
gefährlich. Denn meist ist das Hindernis unter der Wasseroberfläche
stark verfilzt. Deshalb hilft nur, beizudrehen und auf das Hindernis zu
springen. Kann man dabei das Boot vor dem Umkippen bewahren und
auch noch heraufziehen, so hat man das Bestmögliche aus der Situation
gemacht.

Transport des Boots

Wohnt man an einem befahrbaren Gewässer und beabsichtigt nicht, es
zu wechseln, dann ist das Transportproblem uninteressant. Wen es
hingegen nach Abwechslung verlangt, der kann nahezu jeden Bootstyp
mit Hilfe von Dachträgern auf dem Auto transportieren. Aus Gründen
der Verkehrssicherheit sollte man die speziell für Bootstransporte her-
gestellten und vom DKV getesteten Dachträger verwenden. Es gibt sie
in verschiedenen Ausführungen, zum Beispiel flach mit angeschweiß-
ten Gurtösen, senkrecht angeordneten Bootsraufen oder mit integrier-
ten Formschalen. Man erhält sie in fast allen Fachgeschäften des Boots-
handels. Der Transport der Zweierkajaks und Canadier hängt allerdings von der Größe des Wagens ab; denn ihre Längen betragen bis zu
fünf Meter, während Einerkajaks Längen um vier Meter aufweisen.

Bei weiten Reisen ist es zweifellos von Vorteil, wenn sich das Boot
zerlegen und in handliche Taschen verstauen läßt. Dafür bieten sich
Faltboote an, für deren Auf- und Abbau Anleitungen mitgeliefert
werden. – Neben den zwei- oder dreifach teilbaren Kunststoffbooten
gibt es inzwischen aufblasbare Kajaks als Einer und Zweier, die sich

bequem in einer Art Rucksack verstauen und tragen lassen. Diese Boote wurden auch auf extremen Wildflüssen getestet und von Experten als gut geeignet beurteilt.

Einige Ratschläge für den Transport
1. Die Boote dürfen vorn und seitlich nicht über das Fahrzeug hinausragen. Laut Straßenverkehrsordnung ist das Überragen nach hinten bis zu 1,5 Metern erlaubt (bei Transportstrecken bis zu 100 km im Geltungsbereich der STVO auch bis zu drei Metern). Zulässige Dachlast nicht überschreiten.
2. Der verwendete Dachträger muß solide konstruiert, fest verschraubbar und in der Regenrinne abgestützt sein.
3. Zur Befestigung am besten geeignet sind sogenannte Rolladengurte oder Gummistropps. Untauglich sind Gummiseile oder Gepäckspinnen, weil sie schnell ausleiern, ausreißen und nachgeben.
4. Stets Bug und Heck an den Stoßstangen mit Seilen sichern. Das Boot wird dadurch am Steigen durch die Fahrgeschwindigkeit (Luftwi-

derstand) sowie am Abrutschen nach vorn bzw. hinten beim Bremsen oder bei einem Auffahrunfall gehindert.

5. Beim Transport mehrerer Boote auf dem Dachträger läßt sich seitliches Ausscheren von Bootsspitzen oder -enden durch Zusammen-
schnüren mit einem Seil verhindern, das dann nach unten abge-
spannt wird.

6. Paddel sollten gesondert befestigt und ebenso wie andere Gegen-
stände nicht im Boot gelassen werden.

7. Zur Verminderung des Luftwiderstands und damit des Kraftstoffver-
brauchs wird verschiedentlich empfohlen, die Sitzluken abzudecken.
In der Regel geschieht das mit Hilfe einer zugebundenen Spritzdecke
oder Wildwasserschürze. In solchen Fällen muß man bei starkem
Regen und Fahren unter Bäumen mit herabhängendem Geäst be-
sonders achtsam sein, da die Abdeckung ab- oder einreißen kann.
Wenn es die Konstruktion des Dachträgers zuläßt, ist es besser, das
Boot mit den Sitzluken nach unten zu transportieren, wobei um den
Süllrand ein Seil nach vorn und hinten gespannt sein sollte.

Besonders zu beachten ist, daß sich das Fahrverhalten des Wagens
durch die Dachlast völlig verändert. Der Bremsweg verlängert sich, die
Seitenwindempfindlichkeit wird erhöht, die Beschleunigungsphase
verzögert sich, und das Kurvenverhalten wird beeinträchtigt.

Die beste Verspannung ist wertlos, wenn bei Tempo 100 und mehr eine
Vollbremsung nötig wird.

Fahrzeuge mit Anhänger müssen das gültige Tempolimit von 80 km/h
einhalten und sollten bei Kurvenfahrt unter der hier zulässigen Höchst-
geschwindigkeit bleiben.

Wer defensiv und sicherheitsbewußt fährt, hat die beste Aussicht, auch
am nächsten Wochenende wieder auf Fahrt gehen zu können.

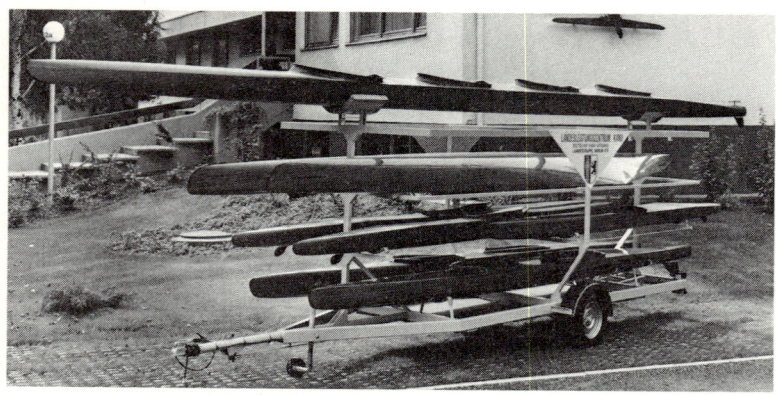

Kennzeichnungspflicht

Für jedes Boot besteht eine vom Gesetzgeber vorgeschriebene Kennzeichnungspflicht, falls öffentliche Wasserstraßen befahren werden. Dazu muß das Boot bei der zuständigen Wasserschiffahrtsbehörde angemeldet werden. Es erhält eine Registriernummer, die in vorgeschriebener Größe deutlich lesbar am Boot anzubringen ist.

Wer einem anerkannten Wassersport-Verband angehört, ist davon befreit. Er muß aber seinem Boot einen Namen geben, der deutlich erkennbar auf dem Vorderdeck oder seitlich an der vorderen Bootswand zu stehen hat, während hinten der Verbands- oder Vereinsname mit dem Standort anzubringen ist. Auf Fahrten sind Verbands- und Vereinswimpel zu führen oder entsprechende Aufkleber für Kunststoffboote; der Bootsführer muß einen gültigen Lichtbildausweis des Verbands bei sich haben. Die Verbände und Vereine melden die bei ihnen lagernden Boote auf einer Sammelliste.

Horst Obstoj

Kanuwandersport

Das Wasserwandern wird allgemein als die ursprüngliche Form des Kanusports bezeichnet. Die Gesamtzahl der Aktiven allein in der Bundesrepublik wird auf annähernd eine halbe Million geschätzt. Etwa 20 Prozent davon gehören dem Deutschen Kanu-Verband e. V. (DKV) an, der sich besonders um die Belange des Wasserwandersports kümmert. In seinem Verlag werden das «Deutsche Fluß- und Zeltwanderbuch» und die «DKV-Auslandsführer» sowie spezielle Flußkarten herausgegeben. Darüber hinaus werden von einzelnen Landesverbänden Kleinflußführer ihrer Gebiete veröffentlicht. Alle diese Schriften enthalten Angaben über Befahrbarkeit und Zustand der beschriebenen Gewässer. Für jeden, der sich auf Fahrt begeben will, sind sie wichtige Orientierungsmittel. – Dem Anfänger stehen in einem dem DKV angeschlossenen Verein Übungsleiter, Lehrwarte und Fahrtenleiter zur Verfügung, die ihm das Grundwissen und die wesentlichen Techniken vermitteln.

Aber auch dem Autodidakten, der sich nicht einem Verein anschließen möchte, steht der Kanuwandersport mit seinen vielen Möglichkeiten zur sportlichen Betätigung offen. Die Grundtechniken des Fahrens eines Kanus, gleich welcher Bauart, sind relativ leicht erlernbar, und das Training kann jeder nach seinem eigenen Leistungsvermögen dosieren. Ohne sich den Zwängen des Wettkampfsports auszusetzen, kann sich der Fortgeschrittene bis an die Grenzen seiner körperlichen Leistungsfähigkeit belasten.

Wasserwandern ist zudem ein idealer Urlaubssport abseits des Touristenrummels. Dabei bieten sich zwei verschiedene Möglichkeiten der Urlaubsgestaltung an:

- Von einem zentral gelegenen Standort aus werden die Gewässer der Umgebung in Tagestouren befahren.
- Unter Mitnahme eines Zelts werden mehrtägige Fahrten mit dem Boot unternommen. In diesem Fall ist man von einem zu bewältigenden Tagespensum unabhängig, da der Zwang wegfällt, jeden Abend wieder ein festes Ziel zu erreichen.

Wasserwandern ist einerseits Freizeitsport mit den Möglichkeiten zur aktiven Urlaubsgestaltung, andererseits bietet es ein unmittelbares Naturerlebnis. Allerdings ist es beschwerlich, Reviere zu finden, deren Natur noch unzerstört ist. Die heimischen Gewässer sind von der Umweltverschmutzung stark bedroht. Inzwischen sind erste Schritte getan, um dieses Problem unter Kontrolle zu bekommen. Die Öffentlichkeit ist hellhörig geworden, was den Raubbau an der Natur betrifft. Davon profitieren auch die Kanuwandersportler. Ihnen erschließen sich nun wieder Reviere, die noch vor Jahren verseucht waren. Aber auch Flußgebiete, die durch Einbauten und Staustrecken zunächst verloren schienen, sind nach erfolgter Begrünung und entsprechenden Baumaßnahmen wieder befahrbar geworden.

Wanderfahrten als Großveranstaltungen über die nationalen Grenzen hinaus finden regen Zulauf. Sehr beliebt sind Wanderfahrten vor allem in Frankreich, Schweden, Finnland, Polen und Ungarn. Ein Beispiel ist die seit über zwanzig Jahren jährlich stattfindende *Tour International Danubien* (TID), eine Donaufahrt über 2000 Kilometer von Ingolstadt bis Silistra (Bulgarien).

Wann immer der Mensch sich der Natur aussetzt, muß er mit gefährlichen Situationen rechnen. Sobald er diese in seine Überlegungen einbezieht, verlieren sie jedoch ihre Schrecken. Sie vermindern sich in dem Maße, wie das Leistungsvermögen steigt, die Fähigkeit zur richtigen Einschätzung einer Situation wächst und die Überschätzung des eigenen Könnens abgebaut wird.

Die meisten Unfälle geschehen bei Wanderfahrten solcher Personen und Gruppen, die sich leichtfertig und unter Nichtbeachtung grundsätzlicher Verhaltensregeln auf unbekanntes Gewässer begeben. Deshalb sollte man sich vor jeder Fahrt anhand der Flußführer und -karten eingehend über das Gewässer informieren.

Während der Fahrt ist beim Passieren von

- Kraftwerken,
- Mühlen mit Stauanlagen,
- Wehren,
- militärischen Anlagen,
- Sperrgebieten,
- Brückendurchfahrten,

- Baustellen,
- Baggern,
- Fähren und
- unübersichtlichen Flußstrecken

besondere Aufmerksamkeit geboten.

Behördliche Anordnungen, Anlandungsverbote und Grenzformalitäten sind immer einzuhalten.

Äußerst vorsichtig sollte man bei Fahrten auf Flüssen sein, die Hochwasser führen. Der Kleinfluß und der harmlose Bach, den man schon einige Male heruntergebummelt ist, kann sich dann in ein reißendes Gewässer verwandeln. Dabei werden

- unterspülte Uferböschungen,
- überspülte Steine und Mauerreste,
- querliegende oder treibende Baumstämme,
- über den Bach gespannte Drähte und
- niedrige Brückendurchlässe oder -stege

zur Gefahr.

Gewässerkunde

Wollte man alle dem Kanusportler zur Verfügung stehenden Gewässerformen beschreiben, so käme man zu einer stattlichen Liste. Es kann hier nur grob unterschieden werden nach den auffälligsten Merkmalen, nach denen der Österreichische Paddelsport-Verband (ÖPV) vorgegangen ist und die der Deutsche Kanu-Verband später übernommen hat. Diese Klassifizierung ist inzwischen allgemein üblich und hilfreich für das Lesen von Flußführern sowie für die Beurteilung von Fahrtstrecken. Die beste Flußbeschreibung ist jedoch nutzlos, wenn man sie nicht lesen, das heißt mit den Begriffen nichts anfangen kann.

Die gebräuchlichsten Begriffe sind:

Auskolkung	Auswaschung im Flußbett (zum Beispiel hinter Naturwehren)
Brecher	gegen die Strömung sich überschlagende Wellen
Floßgasse	schräge Rutschen an Wehren, die das Flößen ermöglichen
Kehre	an Uferpassagen und hinter Hindernissen gegen die Strömungsrichtung fließendes Wasser (Kehrwasser)
Rücksog	besonders hinter Wehren und Wasserfällen stark zurückströmendes Wasser
Schwall	hohe Widerwellen bei zumeist großer Strömungsgeschwindigkeit
Sog	Zugkraft des Wassers
Stromstrich/	größte Geschwindigkeit der Strömung;
Stromzunge	zeigt meist die günstigste Fahrtmöglichkeit
Strudel	trichterförmiger Sog nach unten
Walze	quer oder schräg zur Strömungsrichtung verlaufendes sich rückwärts überschlagendes Wasserband (oft starker Sog)
Wirbel	stark im Kreis strömendes Wasser

Im folgenden werden einige Beispiele für die Entstehung und die Bewältigung von Schwällen, Kehrwasser und Walzen gegeben.

● Flußbetteinengung durch Felsen
Es kommt zu einer Schwallbildung mit deutlich erkennbarer Stromzunge in der Mitte. Dort besteht die beste Möglichkeit zur Durchfahrt: zügig paddeln und die Schwallmitte halten, da sich hinter der Einengung an den Schwallrändern Kehrwasser bilden (Kentergefahr für Anfänger).

● Überspülte (nicht sichtbare) Hindernisse in stark strömenden Gewässern

Es kommt zu einer plötzlichen Schwallbildung ohne sichtbare Ursache. Der Grund kann zum Beispiel ein überspülter Felsblock sein. Bei einem Aufprall oder Hängenbleiben besteht Kentergefahr. Hinter solcher Verblockung treten oft Ausspülungen, Wasserlöcher, Strudel und Walzen auf. Für Anfänger ohne Führung und entsprechende Sicherung besteht Gefahr.

Meist ist die Durchfahrt links oder rechts vom Hindernis möglich.

● Buhnen-(Kribben-)köpfe in einer Flußbiegung

‹Buhnen› oder ‹Kribben› oder ‹Stacks› gehören zur Uferbefestigung von Strömen und größeren Flüssen. Es handelt sich dabei um künstlich angelegte und befestigte Aufschüttungen, die wie schmale ‹Landzungen› bis in die Hauptströmung der Flüsse reichen. Man findet sie deshalb meist an den Außenseiten von Flußbiegungen, da hier die Strömung zum Ufer hin zieht. Sie leiten die Strömung ab und verhindern Auswaschung, Unterspülung und Abtragung der Ufer.

Hinter Buhnen-(Kribben-)köpfen treten je nach Strömungsgeschwindigkeit mehr oder weniger starke Kehrwasser und oft auch Strudel auf. Darum nie kurz hinter einer Buhnenspitze in die Ausbuchtung fahren. Kentergefahr!

Bei Schiffsverkehr stets den Innenbogen befahren. Hier ist jedoch Vorsicht vor Flachwasser, Verlandungen und überspülten Hindernissen geboten.

Könner nutzen die Gegenströmung zwischen den Buhnen für Stromauf-(Berg-)fahrten. Kritische Punkte sind auch dabei die Buhnenköpfe. Besonders zu beachten: überspülte Steine und Schiffsverkehr.

● Flußbiegung mit Steilufer (Prallhang)

Die Strömung zieht fast senkrecht zum Steilufer. Daher kommt es meist in Ufernähe zu Walzenbildung und Auswaschung des Steilhangs. Sichere Anzeichen dafür sind sogenannte aufgeworfene «Pilze» an der Wasseroberfläche. Eine Walze in den Auswaschungen bedeutet große Gefahr, daher muß das Boot bereits vor dem Knick in die neue Flußrichtung gebracht werden. Hierbei Achtung auf Kehrwasser.

In der Gewässerkunde wird zwischen Zahm- und Wildwasser unterschieden.

Zahmwasser
1. Stehende Gewässer wie Teiche, Seen und so langsam fließende Gewässer, daß jederzeit gegen die Strömung gepaddelt werden kann (maximale Strömungsgeschwindigkeit 4 km/h). Auf ihnen werden die Bahnen für den Kanurennsport ausgelegt, da für alle Teilnehmer gleiche Bedingungen herrschen sollen. Sie sind für den Anfänger das richtige Revier und ideal zum Erlernen der Grundtechniken.
2. Fließende Gewässer mit einer Strömungsgeschwindigkeit bis zu 7 km/h, die also etwas schneller sind als Fußgängertempo. Das Paddeln gegen die Strömung ist zwar noch möglich, erfordert jedoch erheblichen Kraftaufwand. Sie sind auch von Kanusportneulingen schon bald nach Erlernen der Grundtechniken zu befahren und geeignet, das Fahrverhalten bei Strömung zu üben (*siehe Foto oben*).
3. Fließende Gewässer, deren Strömungsgeschwindigkeit über 7 km/h beträgt. Gegen eine solche Strömung ist innerhalb des Stromzugs nicht mehr anzupaddeln. Buhnen mit ihrem Kehrwasser, Sand- und Kiesbänke, Uferbefestigungen oder Brückenpfeiler erschweren noch die Befahrung. Hinzu kann Wellenbildung durch Gegenwind und Schiffsverkehr kommen. Auf solchen Gewässern ist bereits ein gewisses Maß an Kenntnissen im Umgang mit Boot und Paddel erforderlich (*siehe Foto unten*).

Wildwasser
Wie beim Bergsteigen werden auch beim Wildwasser Schwierigkeitsgrade von «unschwierig» bis «Grenze der Befahrbarkeit» unterschieden. Die Gradeinteilung wurde Ende 1978 innerhalb der ICF weitgehend vereinheitlicht. Es ist immer zu berücksichtigen, daß sich die Angaben in Flußführern meist auf den Normalwasserstand beziehen. Zu beachten sind deshalb stets die angegebenen Pegelstände. Jede Abweichung davon verändert die Schwierigkeitsgrade.
Wildflüsse haben in ihrem Verlauf unterschiedliche Schwierigkeitsgrade und ähneln auf manchen Streckenabschnitten eher einem Zahmwasser. Niemand sollte sich jedoch dadurch täuschen lassen. Schon hinter der nächsten Biegung kann sich der Charakter des Flusses völlig verändern.
An unübersichtlichen Stellen ist es besser auszusteigen, sich die nächste Passage anzusehen und gegebenenfalls umzutragen, als Kenterung, Verletzungen oder Bootsverlust zu riskieren. Die obersten Gebote bei

Wildwasserfahrten sind: nie blind einer Flußbeschreibung vertrauen, da diese immer nur eine Orientierungshilfe sein kann, und nie allein fahren.

Im allgemeinen gelten Gruppen ab drei bis vier Booten als ideal, während sechs bereits das Maximum sein sollten.

Die neue Wildwasser-Schwierigkeitstabelle (nach ICF/DKV) lautet:

I. unschwierig

regelmäßiger Stromzug, regelmäßige Wellen, kleine Schwälle; einfache Hindernisse

Beispiel: Amper, Wiesent, obere Innerste (bei Pegel 40 unterhalb Straßenbrücke nach Wolfshagen)

II. mäßig schwierig

freie Durchfahrten;

unregelmäßiger Stromzug, unregelmäßige Wellen, mittlere Schwälle, schwache Walzen, Wirbel und Preßwasser; einfache Hindernisse im Stromzug, kleinere Stufen

Beispiel: Kössener Ache, Obere Isar (Gleirschbachmündung bis Scharnitz bei Pegel 180 in Scharnitz)

III. schwierig

übersichtliche Durchfahrten;

hohe, unregelmäßige Wellen, größere Schwälle, Walzen, Wirbel und Preßwasser;

einzelne Blöcke, Stufen, vielfache Hindernisse im Stromzug

Beispiel: Ammer, Inn (Imster-Schlucht bei Pegel 200 in Haiming)

IV. sehr schwierig

Durchfahrten nicht ohne weiteres erkennbar, Erkundung meist nötig;

hohe andauernde Schwälle, kräftige Walzen, Wirbel und Preßwasser; Blöcke versetzt im Stromzug

Beispiel: Ötz (Waldschlucht bei Pegel 120 in Tulpen).

V. äußerst schwierig

Erkundung unerläßlich;

extreme Schwälle, Walzen, Wirbel und Preßwasser;

enge Verblockungen, höhere Gefällstufen mit schwierigen Ein- oder Ausfahrten

Beispiel: Inn (Brail-Schlucht bei Pegel 110 in Tarasp)

VI. Grenze der Befahrbarkeit

im allgemeinen unmöglich, bei bestimmten Wasserständen eventuell befahrbar, hohes Risiko; keine Empfehlung durch ICF oder DKV

Wehre zählen nicht zum Wildwasser und werden nicht bewertet.

Wehre und Schleusen

Eine Wehranlage erfüllt vorrangig wasserwirtschaftliche Zwecke. Sie
ist fest eingebaut oder mit beweglichen Verschlüssen versehen. In der
Regel soll durch eine Wehranlage das Wasser aufgestaut werden zur
Verminderung des Gefälles, zur Ableitung des Wassers in andere Kanäle, zur Regulierung des Wasserspiegels, zur Gewinnung von Fallhöhe, zur Energiegewinnung oder zur Hebung des Grundwasserspiegels.
In den Mittel- und Unterläufen der Flüsse und Ströme erfüllen sie
außerdem den Zweck, eine für die Schiffahrt notwendige Mindestwas-
sertiefe zu gewährleisten.

Man unterscheidet eine Vielzahl von Anlagen. Sogenannte *Naturwehre*
sind meist aus Pfahlreihen und groben Steinen errichtet und häufig von
Moos und Wasserpflanzen überwachsen. Sie sind, je nach Wasserstand
und Fertigkeit, meistens befahrbar.

Weitaus risikoreicher sind die *künstlichen Wehre*. Diese sind betoniert,
grobsteinig gemauert und mit Eisenträgern oder auch Spundwandele-
menten versehen. Teilweise haben sie Wehrdurchfahrten (*siehe Foto
oben*). Handelt es sich hierbei um *Schützen-* oder *Hubwehre*, so sind sie
vom Wasser aus an überragenden Wehrpfeilern, Zahnstangen, Schütz-
elementen und ähnlichen Aufbauten zu erkennen. Der Bootsfahrer
kann sich frühzeitig auf das Hindernis einrichten.

Gefährlicher sind die immer häufiger anzutreffenden *Überfallwehre*
(*siehe Foto unten*). Bei ihnen stürzt das nicht zur Nutzung abgeleitete
Wasser auf voller Wehrbreite in das Unterwasser. Von dem sich nä-
hernden Boot aus sind sie allenfalls an den senkrechten Wehrbegren-
zungswänden zu erkennen. Ihnen sollte man sich vor allem bei Hochwasser nur mit äußerster Aufmerksamkeit nähern und auf das Ge-
räusch des stürzenden Wassers achten.

Die Fallhöhe wird bei solchen Wehren in der Regel durch automatisch
über Schwimmer gesteuerte Klappen bestimmt. Sie kann also von Fall
zu Fall sehr unterschiedlich sein. Allgemein gilt ein Steilwehr bis zur
Höhe von 75 cm als befahrbar. Trotzdem ist Vorsicht geboten; denn
direkt hinter dem Wehr befindet sich das sogenannte Tosbecken, in
dem die infolge des lotrechten Wassersturzes freiwerdende Energie
aufgefangen wird. Um Beschädigungen des Flußbetts und der Ufer in
Wehrnähe zu verhindern, sind diese Tosbecken in der Regel gemauert
und am Ende mit einer Endschwelle versehen. Die so entstehenden, je
nach Fallhöhe mehr oder minder stark gegeneinander laufenden Walzen (Grund- und Deckwalze) können für jeden Paddler zur Gefahr
werden, wenn sein Boot von ihnen erfaßt wird. Nur wenn die Überfall-
klappe ganz gelegt ist, wird eine Befahrung relativ ungefährlich. Das ist
jedoch vom Boot aus nur schwer und von einem Anfänger überhaupt

nicht zu erkennen. Gerade an den von Wasserwanderern bevorzugten
Kleinflüssen trifft man Überfallwehre manchmal in Abständen von
wenigen hundert Metern an.

Bevor man riskiert, sein Boot beim Überfahren des Wehrs zu beschädigen oder Ausrüstung und Boot zu verlieren, sollte man besser anlanden
und umtragen, obwohl das nicht immer bequem zu bewerkstelligen sein
wird. Mutproben sind auf jeden Fall unangebracht.

Besonders in größeren Flüssen und Strömen sind die Wehranlagen mit
Schleusen für die Berufs- bzw. Sportschiffahrt versehen. Teils wird der
Wanderfahrer gegen Entrichtung einer geringen Gebühr geschleust,
teils muß er Schleusentore und Schütze selbst bedienen. Oft sind auch
Bootswagen auf Schienen (*siehe Foto links*) oder bequeme Wege zum
Umtragen angelegt worden. Bei einigen Großschiffahrtsschleusen ist
dem Kanufahrer das Schleusen mit den Motorschiffen und -kähnen
gestattet. In solchen Fällen ist es ratsam, sich so weit wie möglich hinter
den Schiffen und ihren Schrauben zu halten. Meist weisen die Schleu-
senwärter einen entsprechenden Liegeplatz zu, an dem man sich festen
Halt suchen muß.

Den Bemühungen des Deutschen Kanu-Verbands ist es in erster Linie
zu danken, daß bei neueren Schleusenanlagen spezielle ‹Bootsgassen›
eingebaut wurden (*siehe Foto rechts*), wie in der Weser, der Mosel und
inzwischen auch in anderen Flüssen. Auf ein Signal hin öffnet sich ein
Schütz, und mit dem über eine Schräge strömenden Wasser gleitet das

Boot ins Unterwasser. Die Fahrt ist hierbei völlig gefahrlos, wenn man sich nicht zu ‹übermütigen Kunststücken› verleiten läßt.

In den Gebirgsflüssen ist ein Großteil der Wehre mit Durchlässen versehen, die das Flößen gestatten. Diese Floßgassen sind in der Regel befahrbar. Die Passierbarkeit hängt aber vom Wasserstand und dem fahrerischen Können des Paddlers ab. Wer sich nicht ganz sicher in der Beurteilung der Beschaffenheit solcher Durchlässe ist, sollte sie vor der Befahrung besichtigen und im Zweifelsfall umtragen.

Flußfahrten

Auf Strömen, Flüssen, Kanälen oder Binnenseen mit Schiffsverkehr muß sich jeder entsprechend der *Binnenschiffahrtstraßenordnung* verhalten. Man sollte sich vor Fahrtbeginn damit vertraut gemacht haben. Kleinboote müssen der Großschiffahrt ausweichen; sie zu behindern ist strafbar.

Lassen es die Flußverhältnisse zu, dann sollte man möglichst immer außerhalb der Fahrrinne seinen Kurs steuern. Es muß genügend Abstand zu den Schiffen gehalten werden. Sogenanntes ‹Wellen-› oder ‹Im-Sog-Fahren› ist gefährlich und wird von der Wasserschutzpolizei geahndet. Aufmerksamkeit ist oberstes Gebot. Talfahrende Schiffe

nähern sich schneller, als man glaubt. Deshalb sollte man sich öfter umsehen und auf Geräusche oder Signale achten. Wer sich von der Strömung treiben läßt oder Bord-an-Bord mit mehreren Booten im ‹Päckchen› schwimmt, darf nicht vergessen, daß Paddelboote bei bestimmten Licht- und Sichtverhältnissen nur schwer und unter Umständen zu spät von Schiffsführern ausgemacht werden können. Bei Schubschiffeinheiten kann der tote Winkel bis zu 400 Meter betragen.

Ankerketten, Seile oder Pendelbewegungen vor Anker liegender Schiffe bringen den Kleinbootfahrer bei der Vorbeifahrt unter Umständen in Gefahr. Das gleiche gilt bei Begegnungen mit Schleppzügen. Es ist verboten, zwischen den Schleppeinheiten durchzufahren. Bei regem Schiffsverkehr, an den Ein- und Ausfahrten der Kanäle und in Häfen ist besonders auf Schallzeichen zu achten (siehe *Anhang*, Seite 170).

Eine besondere Gefahr in Ufernähe bilden *Buhnen-(Kribben-)köpfe* durch auftretende Schrägströmung, Wirbel und Kehrwasser. Besonders achtgeben muß man auf Seile und überspülte Hindernisse.

Fähren haben gegenüber Sportbooten immer Vorfahrt. Es ist besser, hinter einer in Fahrt befindlichen Fähre vorbeizufahren. Besondere Vorsicht bei Gier- und Seilfähren! Das Längsseil sperrt eine Hälfte des Gewässers.

Bagger jeder Art sind gekennzeichnet. Sie zeigen in der Regel durch quergestellte rechteckige rot-weiße Schilder (bei Tag) oder übereinander angeordnete rot-weiße Lichter (nachts) an, auf welcher Seite man passieren kann.

Bei *Brückendurchfahrten* müssen die angebrachten Schiffahrtzeichen beachtet werden, die angeben, ob eine Durchfahrt erlaubt ist, auf welcher Seite man passieren kann und ob mit Gegenverkehr zu rechnen ist (siehe *Anhang*, Seite 169). Immer genügend Abstand zu den Brückenpfeilern halten, da je nach Wasserstand Wirbelbildung oder Schrägströmung auftreten können.

Steilufer oder *Kaianlagen* sollte man mit besonderer Vorsicht passieren, da sich hier meist Widerwellen bilden.

Abgesehen von der Grundausstattung ist eine besondere *Ausrüstung* für Flußfahrten nicht erforderlich. Wer allerdings auf eine mehrtägige Wasserwanderung gehen will, benötigt neben Zelt, Schlafsack, Kocher und Luftmatratze auch das übrige Campingzubehör. Grundsätzlich gehört das Zelt noch immer zur Wanderfahrt im Boot.

Küsten- und Wattfahrten

Küsten- und Wattfahrten unterliegen eigenen Gesetzen. In jedem Jahr müssen leichtfertige ‹Wassersportler› vom Seenotrettungsdienst geborgen werden. Selten sind allerdings aktive und verantwortungsbewußte Kanuwanderer darunter, weil diese sich auf ein solches Unternehmen sorgfältig vorbereiten und ausrüsten.

Witterungs- und Strömungsverhältnisse müssen erkundet, Tidenkalender, Seekarten und die Seeschiffahrtstraßenordnung studiert werden. Man muß die Seezeichen kennen sowie mit Kompaß und Signalgeräten umgehen können. Vor jedem Start sollte man beim zuständigen Wetteramt Auskunft über die Wetterlage der nächsten Stunden einholen und Hafenbehörden oder Küstenwachstationen über das Vorhaben unter Angabe von geplanter Fahrtroute, -ziel und der voraussichtlichen Ankunftszeit verständigen. Nach Ankunft am Ziel empfiehlt es sich ebenfalls, die Behörde zu benachrichtigen.

Wer nur vor der Badebucht oder in der Dünung paddeln will, also in unmittelbarer Strandnähe bleibt, benötigt keine besondere Ausrüstung. Die Strömungsverhältnisse, den Stand der Gezeiten und auch die Wetterlage sollte er jedoch kennen.

Die Wattgebiete unterliegen besonderen Naturschutzbestimmungen. Informationen sind bei nachstehender Adresse erhältlich.

Wer eine größere Fahrt plant, sollte sich mit den jeweils zuständigen Landeswanderwarten des DKV in Verbindung setzen oder bei der DKV-Geschäftsstelle die Anschrift des zuständigen Beauftragten für Küstenfahrten erfragen. Diese geben auch nichtorganisierten Kanusportlern jederzeit Ratschläge (siehe Anschriften im *Anhang*).

Zusatzausrüstung für größere Fahrten

Schwimmweste, Kompaß, Seekarten, Signalhorn, Signalraketen, Taschenlampe, Trinkwasserreserve, Notproviant, wärmende Reservewäsche und -kleidung sind unentbehrlich. Kälteschutzanzüge aus Neoprene und ein Transistorradio sind zu empfehlen.

Für Küstenfahrten gibt es im Handel inzwischen speziell dafür gebaute und ausgerüstete Kajaks. (Anschriften, Bezugsquellen sind im DKV-Sportprogramm zu ersehen.)

Bei Wattfahrten sind Seehundsbänke, Vogelschutz- oder Brutgebiete in angemessenem Abstand zu umfahren. Anlanden ist verboten.

Wildwasserfahrten

Die Wildwasserfahrt erfordert neben intensivem Training sorgfältige Vorbereitung und komplette Ausrüstung, völlige Konzentration und absolute Beherrschung der Techniken, dazu ein geübtes Auge und ein gutes Reaktionsvermögen.

Diese Voraussetzungen erwirbt man am besten durch Teilnahme an Wildwasserschulungskursen oder durch den Besuch sogenannter Kanuschulen. Gegen geringe Unkostenbeiträge vermitteln Lehrwarte innerhalb speziell eingerichteter Gruppenfahrten das technische Rüstzeug. Die Kursusteilnehmer werden langsam an die verschiedenen Schwierigkeitsstufen herangeführt, lernen sie einzuschätzen und richtig

zu bewältigen. Voraussetzung dafür sind Beherrschung der Grundtechniken und körperliche Fitness. Zur Fitness gehören neben Kraft, Kondition und Gewandtheit auch die Bereitschaft zur Leistung.

Eine Wildwasserwanderfahrt ist eine hochwertige sportliche Leistung. Sie verlangt rationellen Kräfteeinsatz, schnelles Erkennen der jeweiligen Situation und sichere Reaktion. Solche Fahrten sollten nie von einer Zeitnorm abhängig gemacht werden. Nicht in welcher Zeit das Ziel erreicht wird – wie im Slalom-Wettkampf –, sondern das Bewältigen der Strecke überhaupt ist für den Wildwasserwanderer entscheidend.

Ohne den Trainingskapiteln vorzugreifen, werden im folgenden die wichtigsten Begriffe der Techniken beim Befahren von Wildwasser erklärt.

Paddelstütze wirkt wie ein Ausleger und dient der Stabilisierung.

Kontern oder Konterschlag ist ein Rückwärtsschlag. Einseitig ausgeführt wird damit die Fahrtrichtung geändert und gleichzeitig die Fahrtgeschwindigkeit abgebremst. Die Kollision mit einem Hindernis wird so meist besser vermieden als durch den Versuch, das Boot mittels heftiger Vorwärtsschläge herumzureißen.

Seilfähre wird die Technik des Traversierens unter Ausnutzung der Strömung genannt. Mit einer entsprechenden Paddelbewegung wird die zur Strömung zeigende Bootsspitze so ausgerichtet, daß Bootslängsachse und Strömung einen spitzen Winkel bilden. Nun wird kräftig gegen die Strömung gepaddelt. Dadurch quert das Boot das Flußbett in Richtung der gegen die Strömung gerichteten Bootsspitze. Der Verlust an Höhe hängt von der Stärke der Strömung ab. Mit dieser Technik kann man plötzlich auftauchende Hindernisse sicher überwinden und in verblockten Passagen die günstigste Durchfahrt erreichen. Der angestellte Winkel zwischen gedachter Bootsachse und Strömung darf nicht zu breit (stumpf) werden, da sonst das Boot schnell quertreibt.

Beim *Wriggen* (engl.: *to wriggle* = sich hin und her drehen) wird das Boot schnell zur Seite in Richtung des im Wasser befindlichen Paddelblatts versetzt. Dieses wird seitlich schräg eingesetzt und mit Drehungen um 90 Grad kurz nach hinten und vorn gezogen.

Das *Drücken* bewirkt das Gegenteil, da umgekehrt wie beim Wriggen verfahren wird. Demzufolge wird das Boot zur anderen Seite, also vom Paddelblatt weg, versetzt.

Der *Duffek-Schlag* wurde erstmals von dem Tschechen Milan Duffek praktiziert. Er erfordert bereits ein hohes Maß fahrerischen Könnens und absolute Bootsbeherrschung. Das Paddel wird dabei mit erhobenen Armen bei extrem weiter Auslage seitlich vorn eingesetzt (*siehe Foto unten*). Mit kräftigem Zug vollführt der Fahrer damit ein langgezogenes ‹S›; er zieht so Bug und Heck herum, ohne dabei an Fahrtgeschwindigkeit zu verlieren.

Eskimotieren oder Kenterrolle war früher das ‹Nonplusultra› der Fahrtechnik. Inzwischen ist die Beherrschung der Kenterrolle Voraussetzung für Slalom- und Wildwassersportler, da sie trotz Kenterung im
Wettbewerb bleiben können. Für den Wildwasserwanderer ist sie nur
anwendbar, wenn Fahrten mit weitgehend leerem Boot gemacht werden. Geübte Fahrer richten sich nach einer Kenterung mit dieser Technik mitsamt dem Boot wieder auf und setzen die Fahrt fort. Allerdings
ist die ‹Rolle› oder das Wiederaufrichten des Boots im reißenden Wildfluß nicht immer ungefährlich.
Zum Erlernen dieser Technik halten Vereine und Verbände Eskimo-
tierlehrgänge ab. Dazu genügen Lehrschwimmbecken in Hallenbädern
(*siehe Foto*). Das Prinzip beruht auf Ausnutzung der Hebelwirkung des
Paddels und Beeinflussung des Drehmoments durch die günstigste
Körperhaltung. Die genaue Beschreibung dieser Technik findet sich
auf Seite 160f.

Zusatzausrüstung
Zusätzliche Ausrüstungsgegenstände sind für Wildwasserfahrten besonders wichtig. Dazu gehört ein *Kopfschutzhelm* (Sturzhelm), der Schädel- und Schläfenpartien weitgehend abdeckt. Er sollte rutschfest, paßgerecht sowie gut durchlüftet, leicht und schwimmfähig sein und möglichst einen Kinnschutz haben. Der ‹Internationale Sicherheitskreis Wildwasser› (ISK) hat in Frage kommende Helme eingehenden Tests unterzogen. Das Ergebnis war deprimierend, da zu diesem Zeitpunkt keiner den gestellten Anforderungen in allen Punkten entsprach. Obligatorisch ist eine *Schwimmweste* in Signalfarbe, deren Auftriebskraft mindestens acht Kilogramm betragen muß. Zu bevorzugen sind sogenannte Brust-Nacken-Westen, weil diese den Körper von selbst in die Rückenlage bringen.
Der *Neoprene-Kälteschutzanzug* hat bei Fahrten auf Wildflüssen, die zumeist Gletscher-Schmelzwasser führen, an Bedeutung gewonnen. Bei Wassertemperaturen von +4 bis +6 Grad Celsius schützt er den Körper zumindest für einige Zeit bei einer Kenterung vor Unterkühlung. Da der Fahrer in einem solchen Anzug leicht schwitzt, ist das Tragen von leichter Unterwäsche mit langen Armen und Beinen zu empfehlen.
Eine *Rettungs-* und zugleich *Treidelleine,* die leicht greifbar so befestigt ist, daß sie sich nicht von selbst löst und daß der Fahrer sich darin nicht verfängt, ist immer nützlich. Eine *Erste-Hilfe-Ausrüstung* für den Notfall sollte ebenfalls nicht fehlen.

Ausbildungsmöglichkeiten

Dem Neuling im Kanusport bieten sich eine Reihe von Ausbildungsmöglichkeiten an. Zunächst stehen in nahezu allen Vereinen des Deutschen Kanu-Verbandes Fachwarte und Übungsleiter zur Verfügung. Daneben halten Landes-Kanu-Verbände und deren Bezirke jedes Jahr eine Reihe von Kursen ab, zu denen sich meist auch Nichtmitglieder anmelden können. Hierbei werden die Teilnehmer auf Schulungs- und Lehrfahrten mit der Theorie und ihrer praktischen Anwendung vertraut gemacht.
Es gibt spezielle Aufbau- und Fortgeschrittenen-Lehrgänge für Wildwasserfahrten sowie sogenannte Eskimotierkurse in Hallenbädern. Die Termine stehen jeweils zu Anfang eines Jahres fest und werden im jährlich erscheinenden Sportprogramm des DKV aufgeführt.
In verschiedenen Bundesländern gibt es Kanulehrkurse für Lehrer und Lehramtsanwärter, die Schüler bis zur Einführung des Kanusports als Schulsport in Neigungsgruppen betreuen. Das Konzept für ein Kanusport-Curriculum liegt den Kultusministerien vor.

Inzwischen existieren auch Kanu- oder Kajakschulen auf kommerzieller Basis. Das Sportgerät wird weitgehend von diesen Schulen oder ihren Trägern, meist bekannten Bootsherstellern und Bootshändlern, gestellt. Der Betrag für die Benutzung ist in den Kursgebühren enthalten.

Ein für Wildwasserkurse gern genutztes Übungsgewässer ist die Strecke des 1. olympischen Kanuslaloms im Eiskanal von Augsburg. Neben der idealen Unterbringungsmöglichkeit im Bundesleistungszentrum für Slalom und Wildwasser, das unmittelbar an der Strecke liegt, bietet diese Strecke eine Vielzahl unterschiedlicher Schwierigkeiten.

Hinweise für Übungsleiter

Als Grundlage für einen Anfängerkursus gelten die Empfehlungen des Kanu-Verbandes von Nordrhein-Westfalen, die dieser nach mehrjähriger Erfahrung in der Ausbildung zusammengestellt hat.

Muster für den zeitlichen Ablauf eines Kurses:

Dauer drei Wochenenden; die ersten beiden sollten direkt nacheinander durchgeführt werden, das letzte mit einem Abstand von etwa drei bis vier Wochen folgen. Erfahrungsgemäß wirkt sich der vorgeschlagene zeitliche Abstand positiv auf das Verhalten der Teilnehmer aus.

Jeweils Samstag nachmittags:	4 Stunden Grundtraining auf dem Land und dem Wasser
Samstag abends:	2 Stunden theoretischer Unterricht
sonntags:	7 Stunden Flußfahrten, bei denen sich die Schwierigkeiten kontinuierlich steigern

Jeder Lehrgang beginnt mit der Erläuterung des Sportgeräts, seines Gebrauchs (Vorführung durch den Kursusleiter) und der Erklärung von Verhaltensregeln.

Der praktische Teil des Kurses beginnt mit dem Transport der Boote zum Wasser, dem Einsteigen, dem Schließen der Spritzdecke und dem Aussteigen. Bereits hier sollten die Lehrgangsteilnehmer weitgehend selbständig unter Aufsicht des Ausbilders handeln.

Um den angehenden Kanusportler möglichst früh in die Lage zu versetzen, ein Gewässer einzuordnen und zu beurteilen, sollte vor jeder Flußfahrt die zu bewältigende Strecke besprochen werden. Während der Fahrt sind die optischen und akustischen Erkennungsmöglichkeiten von Schwierigkeiten oder Veränderungen im Flußlauf zu erläutern. Die praktische Vorführung der verschiedenen gewässerkundlichen Begriffe ist einprägsamer als ihre theoretische Erklärung.

Kanusegeln

Wanderfahrer, die auf größeren Wasserflächen schnell vorankommen wollen, nutzen den Vorteil des Kanusegelns. Vor allem Zweierfaltboote werden vom Hersteller bereits mit einer Segelausrüstung, den dazugehörigen Seitenschwertern und entsprechender Befestigungsvorrichtung angeboten. Diese zwar speziell ausgerüsteten, aber serienmäßigen Paddelboote haben bis auf das abgerundete Heck nichts mit Kanusegelbooten gemeinsam. Deren Entwicklung geht auf Konstruktionen in den USA und England Ende des 19. Jahrhunderts zurück. Die ersten Europameisterschaften fanden 1933 in Kopenhagen, die ersten Kanusegel-Weltmeisterschaften 1938 in Schweden statt.

Kanusegelboote zählen zu den schnellsten Einhandsegelbooten. Ihre Beherrschung erfordert vom Steuermann besonderes Können und Geschicklichkeit. Das Kanusegeln ist ein echter Leistungssport, der erfolgreich nur von gut trainierten Athleten betrieben werden kann. Die Boote sind in höchstem Maße wendig und reagieren entsprechend empfindlich. Sie sind hauptsächlich für den Wettkampf konstruiert. Man unterscheidet zwei Bootsklassen, von denen aber nur eine international gesegelt wird.
1. *Internationales Segelkanu* (IC), auch Gleitsitz-Segelkanu genannt (*siehe Foto*). Dieses Boot ist seit 1971 die von der ICF anerkannte

internationale Einheitsklasse. Seit 1936 werden Europameisterschaften und Weltmeisterschaften seit 1961 nur noch in dieser Klasse gesegelt. Engländer, Amerikaner und Schweden waren dabei bisher am erfolgreichsten.

Das IC gilt als das schnellste Einhandsegelboot der Welt, es werden Geschwindigkeiten bis zu 26 Knoten, das heißt rund 48 km/h erzielt.
Die wichtigsten technischen Daten:

Länge über alles (Lüa)	5,18 m
Breite über alles (Büa)	1,018 m
Tiefgang bei gefiertem Schwert	1,14 m
Großsegel	8,50 m²
Vorsegel	1,50 m²
Gesamtsegelfläche	10,00 m²

Mindestgewicht des Bootskörpers (ab 1. Januar 1978) 63,00 kg
Das IC hat einen Gleitsitz, mit dessen Hilfe der Steuermann weit außenbords sein Boot hart am Wind segelt.

2. *Nationales Segelkanu ‹Taifun›*

Der ‹Taifun› (*siehe Foto*) ist das Einheitsboot des Deutschen Kanu-Verbands und wird vor allem in der Bundesrepublik gesegelt, findet

aber auch im Ausland Verwendung. Es ist mit einem Ausreitsitz (‹Ausreitbrett›) ausgestattet, der die gleiche Funktion erfüllt wie der Gleitsitz im IC oder das Trapez in anderen Segelklassen. Der Ausreitsitz besteht aus einem Sitzbrett, das jeweils an der luvseitigen Bordwand eingehängt wird und über sie hinausragt.

Der ‹Taifun› ist besonders zur Ausbildung Jugendlicher geeignet. – Obwohl es bei Jugendregatten mit Vorschotmann gesegelt wird, ist es dennoch ein Einhandsegelboot und schneller als andere Segelboote, die hinsichtlich Größe und Segelfläche vergleichbar sind.

Die wichtigsten technischen Daten:

Länge über alles (Lüa)	5,20 m
Breite über alles (Büa)	1,32 m
Tiefgang	0,80 m
Großsegel	7,30 m²
Vorsegel	2,20 m²
Gesamtsegelfläche	9,50 m²
Mindestgewicht des Bootskörpers (ab 1. Januar 1978)	80,00 kg

Der ‹Taifun› hat etwa die gleiche Länge wie das IC, ist jedoch breiter und hat eine kleinere Segelfläche.

In beiden Bootsklassen werden alljährlich Deutsche Meisterschaften ausgetragen. Deutsche Jugendmeisterschaften gibt es nur im ‹Taifun›.

Zentren des Kanusegelns in der Bundesrepublik sind vor allem das Steinhuder Meer und der Raum Bremen, aber auch andere Reviere Niedersachsens und Nordrhein-Westfalens.

Kanupolo

Kanupolo war bereits in den zwanziger Jahren so populär, daß bis zu 12 000 Zuschauer die Turniere besuchten. Dann geriet es einige Zeit in Vergessenheit und wurde erst 1967 wieder entdeckt. Zentren des Kanupolos sind in der Umgebung von Hamburg, Düsseldorf, Duisburg, Essen und Berlin zu finden; aber auch in anderen Teilen der Bundesrepublik Deutschland wird inzwischen Kanupolo gespielt.

Das Wichtigste aus dem Regelwerk

Regelgrundlage ist die des Polospiels. Gespielt wird mit einem Hohlball aus Gummi oder Plastik, der ein Gewicht von 350 bis 450 g und einen Umfang von 65 bis 67 cm hat. Die Poloboote – ausschließlich Kunststoff-Einerkajaks – müssen ein Mindestgewicht von 12 kg, eine Länge von 3,50 m und eine Breite von 0,70 m haben. Sie sind vorn und hinten mit Gummiauflagen versehen, um die Spieler bei Zusammenstößen nicht zu verletzen.

Als *Spielfeld* dient eine rechteckige Wasserfläche mit einer Breite von 40 bis 50 Metern und einer Länge von 70 bis 90 Metern. Die Spielfeldränder sind durch Bojen markiert. Die *Mannschaft* besteht aus sechs Feld- und drei Auswechselspielern. Die *Spielzeit* wird jeweils vorher im Spielplan festgelegt. Sie beträgt bei Spielen der Herren maximal zweimal 30 Minuten. Der Ball darf mit Händen, Kopf, Boot oder Paddel gespielt werden. Es wird ein *Doppelblattpaddel* von maximal 240 cm Länge benutzt.

Der Spieler darf den Ball nicht auf dem Boot festlegen und ihn nicht länger als drei Sekunden halten. Der Torwurf erfolgt in der Regel mit der Hand. Meist wird dabei ein Aufsetzer versucht, der vom Torwart schwer zu halten ist. Ein ‹Aufsetzer› beim Kanupolo wird so vollzogen, daß der Ball kurz vor dem Spieler, der das Tor verteidigt (das kann beim Kanupolo jeder sein), auf dem Wasser aufsetzt und mit einer unberechenbaren, veränderten Flugbahn ins Tor prallt. Sobald sich das Spiel in die gegnerische Hälfte verlagert, rückt der Torwart auf, stürmt mit und kann ebenfalls Tore werfen. Für ihn kann jederzeit ein anderer Spieler das Tor sichern. Eine Abseitsregel gibt es nicht. Oft kommt es im Spielverlauf zu Karambolagen, die meist gefährlicher aussehen, als sie tatsächlich sind. Es ist möglich, das Boot mit dem Paddel so kräftig anzutreiben, daß es leicht steigt. Auf diese Weise fahren die Spieler auf Bug oder Heck des gegnerischen Boots. Manchmal kommt es zu einer

Kenterung oder einem ungewollten Bad, wenn ein Spieler die Balance
verliert oder ein Gegner regelwidrig nachhilft.
Grobe *Regelverstöße* werden wie beim Fußball mit gelben und roten
Karten geahndet. Es gibt Verwarnungen, Zeitstrafen, Spiel- und Tur-
niersperren. Geleitet wird ein Spiel immer durch einen Schiedsrichter,
dem zwei Linien- bzw. Torrichter zur Seite stehen.
Deutsche Meisterschaften finden seit 1971 in den verschiedenen Jahr-
gangs- und Leistungsklassen statt. International gibt es noch keine
Meisterschaften. Dennoch ist auch in anderen Ländern das Interesse in
den letzten Jahren gewachsen. Deutsche Kanupolo-Mannschaften unternehmen Gastspielreisen vor allem in die skandinavischen Länder.
Etwa seit Ende 1980 werden in England Kanupolo-Turniere in der Hal-
le ausgetragen. Allerdings weichen die Regeln in einigen Punkten von
den hier gültigen ab. Die benutzten Boote sind kürzer. Seitens der ICF
ist man bestrebt, die Regeln zu vereinheitlichen und Kanupolo als internationalen Wettkampfsport einzuführen.

Kanumarathon

Seit Sommer 1982 wird international wie national der Kanumarathon-
Rennsport als neue Wettkampf-Disziplin ausgeübt. Die Wettkampfstrecken reichen von 20 km bis über 120 km, in der Regel liegen sie über
42 km. Diese Disziplin hat sich aus den Wandersport-Kanu-Rallyes
entwickelt, wird jedoch jetzt in den für den Kanurennsport gebräuchli-
chen Kajaks und Canadiern gefahren. Die Boote unterliegen den gleichen Bauvorschriften. Der Zulauf zum Kanumarathon hält so stark an,
daß in dieser Disziplin in wenigen Jahren auch nationale wie internationale Meisterschaften ausgetragen werden. Die Vorliebe für die lange
Strecke zieht besonders ehemalige Hochleistungssportler an, die die
Anforderungen für die Kurz- und Mittelstrecken nicht mehr erbringen
können, für die Marathonstrecken jedoch über die erforderliche Ausdauer verfügen.

Hans-Georg Suchotzki

Kanurennsport

Wer sich für den Kanurennsport entscheidet, sucht den sportlichen Vergleich durch die Teilnahme an Wettkämpfen. Ihn reizt das Paddeln in schmalen Rennbooten, die mit dem einzigen Ziel hergestellt werden, dem Fahrer die Möglichkeit zu geben, sich auf ruhigem Wasser so schnell wie möglich fortzubewegen. Das Material ist durch die leichte, aber stabile Bauweise so kostspielig, daß das Betreiben des Rennsports heute nur noch durch Vereinszugehörigkeit möglich ist. Das Bootsmaterial wird vom Verein gestellt und finanziert; lediglich Paddel und Sportkleidung müssen selbst gekauft werden. So gesehen ist der Kanurennsport vom finanziellen Aufwand her mit anderen Volkssportarten zu vergleichen.

Der Wunsch, sich schnell auf dem Wasser fortzubewegen, ist jedoch nicht allein vom Bootsmaterial abhängig, sondern setzt eine entsprechende körperliche Leistungsfähigkeit voraus. Diese kann mit steigenden Ansprüchen durch Training so weit verbessert werden, daß man von individueller Höchstleistung und letztlich von Hochleistungssport sprechen kann.

Das Material

Grundsätzlich unterscheidet man zwei Bootsgattungen, den Kajak (*Foto 1, Seite 70*) und den Canadier (*Foto 2, Seite 70*). Der charakteristische Unterschied besteht darin, daß der Kajak bis auf die Sitzluke zugebaut ist und sitzend mit Doppelpaddel gefahren wird, während der Canadier offen ist und kniend mit Stechpaddel gefahren wird. Die Bootsklassen unterliegen folgenden Baubestimmungen:

	Kajak			Canadier			
	K I	K II	K IV	C I	C II	C VII	C VIII*
Höchst- länge	5,20 m	6,50 m	11,00 m	5,20 m	6,50 m	11,00 m	11,00 m
Mindest- breite	51 cm	55 cm	60 cm	75 cm	75 cm	85 cm	95 cm
Mindest- gewicht	12 kg	18 kg	30 kg	16 kg	20 kg	50 kg	–
* nur nationale Bootsklasse							

Tabelle 1: Bootsbaubestimmungen

Als Baumaterial wird überwiegend Holz verwendet. Kunststoffboote werden vorwiegend in der Anfängerausbildung eingesetzt, weil sie unter den Gesichtspunkten der Haltbarkeit, der Lagerung, der Wartung und der Herstellungskosten wesentlich mehr Vorteile bieten als herkömmliche Holzboote. Allerdings erreicht man mit der Kunststoffbauweise zur Zeit noch nicht die gleiche Stabilität des Bootskörpers wie im Holzbau, wenn man das Mindestgewicht für Wettbewerbe einhalten will. Da Stabilität und Gewicht für die Geschwindigkeit maßgebend sind, dominieren im Spitzensport noch die Holzboote.

Die Paddel sind aus Holz gefertigt (*Foto 3*). Die Kajakpaddel sollten für Anfänger circa 214 bis 218 Zentimeter lang sein, für Fortgeschrittene circa 220 Zentimeter. Die Paddelflächen sollen etwa 85 Grad gegeneinander verdreht sein. Ein Kajakpaddel kostet zwischen 150 und 200 Mark. Das Canadierpaddel soll so lang sein, daß der Anfänger kniend den Griff umfassen kann (*Foto 4*). Es kostet etwa 100 Mark. Später

3

4

richten sich Paddellänge und Blattform in jedem Fall nach der Rumpf-
größe und Kraft des Fahrers sowie nach der Bootsklasse und der
Paddeltechnik.

Klasseneinteilung und Wettkampfstrecken

Die Wettkampfbestimmungen des Deutschen Kanu-Verbandes sehen
seit 1981 folgende Wettkämpfe vor:

	Alter	Strecken
Schüler u. -rinnen B Schüler u. -rinnen A	10–12 13–14	300 m 500 m – 2000 m
Jugend männlich und weiblich	15–16	500 m – 6000 m
Junioren männlich Junioren weiblich	17–18	500 m – 1000 m – 6000 m 500 m – 6000 m
Leistungsklasse I (LKI) Herren Damen	19–älter	500 m – 1000 m – 10000 m 500 m – 6000 m

Tabelle 2: Klasseneinteilung und Wettkampfstrecken

Mit Ausnahme der Schülerklasse B werden in allen Bootsklassen Deutsche Meister ermittelt. Die Deutschen Meisterschaften werden nach
festgelegtem Reglement durchgeführt und dauern mit Vor-, Zwischen-
und Endläufen in der Regel vier Tage. – Seit 1938 finden im Kanurennsport regelmäßig Weltmeisterschaften statt. In der Bundesrepublik
Deutschland wurden sie erstmals 1979 in Duisburg ausgetragen. Welt-
meister werden in folgenden Bootsklassen ermittelt:

	Kajak-Herren	Kajak-Damen	Canadier
500 m	K I K II K IV	K I K II K IV	C I C II
1000 m	K I K II K IV		C I C II
10000 m	K I K II K IV		C I C II

Tabelle 3: Bootsklassen bei Weltmeisterschaften

Hierbei darf pro Nation und Rennen nur ein Boot starten. Das gleiche gilt auch für die Olympischen Kanurennen, die erstmals 1936 in das Olympische Programm aufgenommen wurden. Das 1984 zur Durchführung kommende Programm umfaßt außer den Rennen der Herren über 10 000 Meter und dem im K IV über 500 Meter alle anderen Rennen des aufgeführten WM-Programms. Die nach dem Zweiten Weltkrieg erfolgreichsten Teilnehmer gehören vorwiegend osteuropäischen Nationen an, von denen in den letzten Jahren die Athleten aus der UdSSR und DDR in der «Medaillenausbeute» unangefochten vorn liegen. Sportler anderer Nationen kommen nur dann zu Erfolgen, wenn sie als Ausnahmeathleten anzusehen sind oder unter ähnlichen Bedingungen trainieren können, wie sie auch in anderen Sportarten in den Ländern des Ostblocks gegeben sind.

Weltrekorde werden im Kanurennsport nicht geführt. Die Streckenverhältnisse (Wassertiefe, Wind usw.) sind zu unterschiedlich und nicht vergleichbar. Bezogen auf stehendes, ruhiges Wasser können jedoch Richtzeiten für die Bootsklassen und Distanzen angegeben werden.

		500 m	1000 m	10 000 m
Herren	K I	1:50 Min.	3:50 Min.	45:00 Min.
	K II	1:38 Min.	3:30 Min.	41:00 Min.
	K IV	1:30 Min.	3:10 Min.	38:00 Min.
	C I	2:00 Min.	4:15 Min.	50:00 Min.
	C II	1:53 Min.	3:55 Min.	45:00 Min.
Damen	K I	2:02 Min.		
	K II	1:52 Min.		
	K IV	1:43 Min.		

Tabelle 4: Richtzeiten im Kajak und Canadier

Die Anfängerausbildung

Dem Trainer stellt sich die Frage: «Wann soll mit der Ausbildung begonnen werden?» Einige Voraussetzungen müssen vorhanden sein: Der Anfänger muß schwimmen können, er muß, um die Masse des Boots und den Wasserwiderstand zu überwinden, ein Minimum an Kraft und Ausdauer besitzen und außerdem ein gutes Gleichgewichtsgefühl mitbringen.

Diese Eigenschaften besitzen in der Regel bereits Zehnjährige. Hinzu

kommt, daß die Altersstufe der Zehn- bis Zwölfjährigen sich besonders
gut zum Erlernen von Bewegungsfertigkeiten – das Paddeln einge-
schlossen – eignet. Diese motorisch günstige Altersstufe sollte für die
Anfängerausbildung genutzt werden. Eine Talentauswahl aufgrund
von Körperbaumerkmalen wird in diesem Alter nicht getroffen, weil
sich gezeigt hat, daß Paddler aller Konstitutionstypen erfolgreich sein
können. Ist ein Interesse am Rennsport vorhanden, sollten alle Anfänger bestmöglich gefördert werden.
Für die Grundausbildung eignen sich besonders windgeschützte Seen
und Talsperren. Auf fließenden Gewässern ist die Ausbildung proble-
matischer, weil hier die Strömung den Anfängern zusätzlich Schwierigkeiten bereitet. In diesem Fall müssen die ersten Bootserfahrungen im
Mannschaftsboot gesammelt werden. Überhaupt haben die Wasserverhältnisse des Übungsgebiets entscheidenden Einfluß auf den methodischen Weg, der in der Anfängerausbildung eingeschlagen wird.
Die günstigste Jahreszeit, um mit der Ausbildung anzufangen, ist der
Zeitraum zwischen Mai und Juni, denn in diesen Monaten ist das
Wasser meist schon so erwärmt, daß Kenterungen ohne gesundheit-
liche Folgen bleiben. Es steht noch ein langer Sommer bevor, der zur
Festigung der Paddelbewegung und der Bootssicherheit genutzt wer-
den kann.
Das Lernen in einer größeren Gruppe Gleichaltriger macht mehr Spaß
und führt schneller zu Lernerfolgen. Gruppen von zehn bis fünfzehn
Anfängern sind am günstigsten, weil bei dieser Größe noch Übersicht
und individuelle Betreuung zugleich gewährleistet sind, ohne daß der
Trainer ständig auf die Teilnahme aller Anfänger bei jedem Training
angewiesen ist.
Der Ausbildungsverlauf läßt sich in fünf Lernstufen gliedern (siehe
Abbildung 1, Seite 81).

1. Lernstufe
Ziel der ersten Lernstufe ist es, beim Anfänger eine Bewegungsvorstel-
lung zu schaffen. Er soll eine bildhafte Vorstellung vom gesamten
Bewegungsablauf bekommen.
Aufgaben
   Beobachten einer Trainingsgruppe vom Motorboot oder Ufer
   Zeigen eines Films, der bei einer Wanderfahrt oder Regatta gedreht
   wurde.
   Der Trainer demonstriert an Land und auf dem Wasser den richtigen
   Bewegungsablauf.

2. Lernstufe
In dieser Stufe beginnt der Anfänger mit der Eigenrealisation der
Paddelbewegung. Ein längeres Üben an Land hat wenig Sinn, da der

Durchzug durch die Luft viel zu leicht ist. Daher sollte die Paddelbewegung nur kurz an Land nachvollzogen werden (bis acht Minuten) und anschließend mit Übungen am Wasser begonnen werden.

Aufgaben

Paddeln auf einer stabilen Unterlage sitzend bzw. kniend (*Foto 5*)

Üben der Paddelstütze, Streichen des Paddels auf dem Wasser

Beachte

● Das Paddeln am Steg ist sehr anstrengend; daher oft Pausen einlegen.

Jetzt entscheidet es sich, ob ein Canadierfahrer Rechts- oder Linksfahrer wird, also auf der Steuerbord- oder Backbordseite des Boots durchzieht. Für die Wahl der Seite spielt es keine Rolle, ob jemand Rechts- oder Linkshänder ist. Die Verteilung auf die Seiten sollte der Trainer jedoch so steuern, daß es in jedem Jahrgang gleich viele Rechts- und Linksfahrer gibt und die Körpergrößenverhältnisse auf beiden Seiten ausgeglichen sind. Dies erleichtert später das Zusammenstellen von Mannschaftsbooten.

Bevor das Üben im Boot beginnt, müssen die vorbereitenden Tätigkeiten wie Bootfertigmachen, Boottragen und Bootzuwasserlassen gezeigt und geübt werden. Das Ein- und Aussteigen wird im Einer demonstriert und geübt (*siehe Bildreihen, Seite 76f*).

5

Einsteigen mit Paddelbrücke: Canadier

Einsteigen mit Paddelbrücke: Kajak

Aufgaben

Richtiges Ein- und Aussteigen üben; das Boot wird vom Trainer festgehalten

Ein- und Aussteigen ohne Hilfe üben

Schaukelübungen durch seitliches Verkanten des Boots

Der Trainer hält den Bug des Boots fest, das Heck wird vom Steg fortgedrückt; Üben der Paddelstütze und des Streichens; erste vorsichtige Paddelschläge (*Foto 6 und 7*).

Beachte

● Durch die ungewohnte Haltung verkrampfen Anfänger leicht, daher: Kurze Zeit üben, oft wiederholen!

Steht ein Übungsbecken zur Verfügung, so kann der Bewegungsablauf des Paddelns von der Witterung unabhängig bis zur Grobform geübt werden (*Foto 8*). Vorteile sind: Man kann den Bootskörper stabilisieren und damit die Labilität des Boots vermindern. Zudem bieten sich gute Korrekturmöglichkeiten durch das nahe Zusammenarbeiten von Trainer und Sportler. Nachteile sind: Durch stupides Üben kommen Langeweile und Unlust auf. Die Zug-Druckverhältnisse sind im Übungsbecken anders als im Boot, so daß ein falsches Bewegungsgefühl entstehen kann.

Beachte

● Mit Anfängern höchstens einmal wöchentlich im Übungsbecken üben, keine Konditionsarbeit durchführen

3. Lernstufe

Der Einer ist der beste ‹Lehrmeister›. Er stellt in bezug auf das Erlernen von Technik, Halten des Gleichgewichts und Bewältigung der Aufgaben auf dem Wasser wie Steuern, Wenden, Anlegen höchste Anforderungen an den Anfänger. Daher ist die Ausbildung im Einer am effektivsten. Im Mannschaftsboot wird die Ausbildung fortgesetzt, wenn viele Jugendliche gleichzeitig beschäftigt werden sollen oder die Wasserverhältnisse ungünstig sind. Ziel der dritten Lernstufe ist das Erreichen der Grobform.

Aufgaben

Wiederholen der Schaukelübungen; das Boot wird am Heck festgehalten

freie Paddelschläge ohne Hilfe

Üben der Tätigkeiten nach einer Kenterung

freies Paddeln in Kreisform

Verbesserung der Technik durch ständige Korrektur

Die Grobform ist dann erreicht, wenn der Grundablauf, die wichtigsten Elemente des Paddelns beherrscht werden.

Durch die labilen Boote bedingt, kommt es, sobald der Trainer das

6   7

8

Boot nicht mehr am Heck fixiert, schon nach wenigen Paddelschlägen zur ersten Kenterung. Das Kentern gehört am Anfang einfach dazu und darf nicht als Mißerfolg gewertet werden, sondern als notwendige Lernstufe.

Im Einerkajak wird bei drei Übungsabenden in der Woche die Grobform nach sieben bis acht Wochen erreicht. Im Viererkajak geht es etwas schneller. Im Canadier muß jedoch mit einer längeren Ausbildungszeit (zehn bis zwölf Wochen) gerechnet werden, da durch das Erlernen des Steuerns zusätzlich Schwierigkeiten entstehen.

Man hat den Versuch unternommen, die Wasserarbeit in lagesicheren Booten zu beginnen, um nach und nach auf die schmaleren Rennboote umzusteigen. Es zeigte sich, daß die Technik zwar schneller beherrscht wurde, aber jedesmal, wenn höhere Anforderungen an das Gleichgewicht gestellt wurden, es zu einem Rückschritt im Technikbereich kam. Die Ausbildungszeit ließ sich dadurch nicht verkürzen. Lediglich die Anzahl der Kenterungen in den ersten Tagen wurde verringert.

4. Lernstufe

Ziel dieser Lernstufe ist die Verfeinerung der Grobform durch das Üben in allen Bootsklassen, die Anpassung an verschiedene Wasserverhältnisse und die Beherrschung aller Bootsmanöver. Der Schritt vom Einer zum Zweier und Vierer bzw. Achtercanadier bereitet keine Schwierigkeiten. Hat der Sportler die Grobform im Mannschaftsboot erlernt, dauert es einige Zeit, bis der Bewegungsablauf auch im Einer in der Grobform beherrscht wird.

Aufgaben
  häufiger Wechsel der Bootsklassen und der Partner im Boot
  Technikkorrektur durch bewußte Hinweise auf Einzelheiten des Bewegungsablaufs
  Fahren bei Wind, Wellengang und in der Strömung
  Wellen- und Sogfahren
  Slalomfahren, Rückwärtsfahren, Wenden
  spielerische Trainingsformen wie «Bockspringen im Boot»
  Wanderfahrten im Rennboot

Allmählich bilden sich Rhythmus-, Wasser- und Bootsgefühl aus. Die vierte Lernstufe kann durch die inhaltliche Vielfalt bis zu einem Jahr dauern, im Canadier in der Regel noch länger.

5. Lernstufe

Im Mittelpunkt der fünften Lernstufe steht die Schulung im Einer. Die Grobform soll sich zur Feinform entwickeln, die sich durch Ökonomie, Zweckmäßigkeit und Genauigkeit auszeichnet.

Aufgaben
  ständige Korrektur des Bewegungsablaufs, möglichst unter Anwendung audiovisueller Hilfsmittel
  spielerisches Training, meist Fahrtspiel
  Vorbereitung auf die ersten Wettkämpfe
  Wanderfahrten im Rennboot

Mit dieser Lernstufe endet das Grundlagentraining bzw. die Anfängerausbildung. Die Übergänge zum Aufbautraining sind fließend. In der Regel dauert die gesamte Ausbildung zwei bis drei Jahre, so daß mit circa dreizehn bis vierzehn Jahren zu einem regelmäßigen Training übergegangen werden kann.

Durch den Anreiz, schon ab dem zehnten Lebensjahr Wettkämpfe fahren zu dürfen, ja sogar an den Deutschen Meisterschaften teilneh-

1. Lernstufe

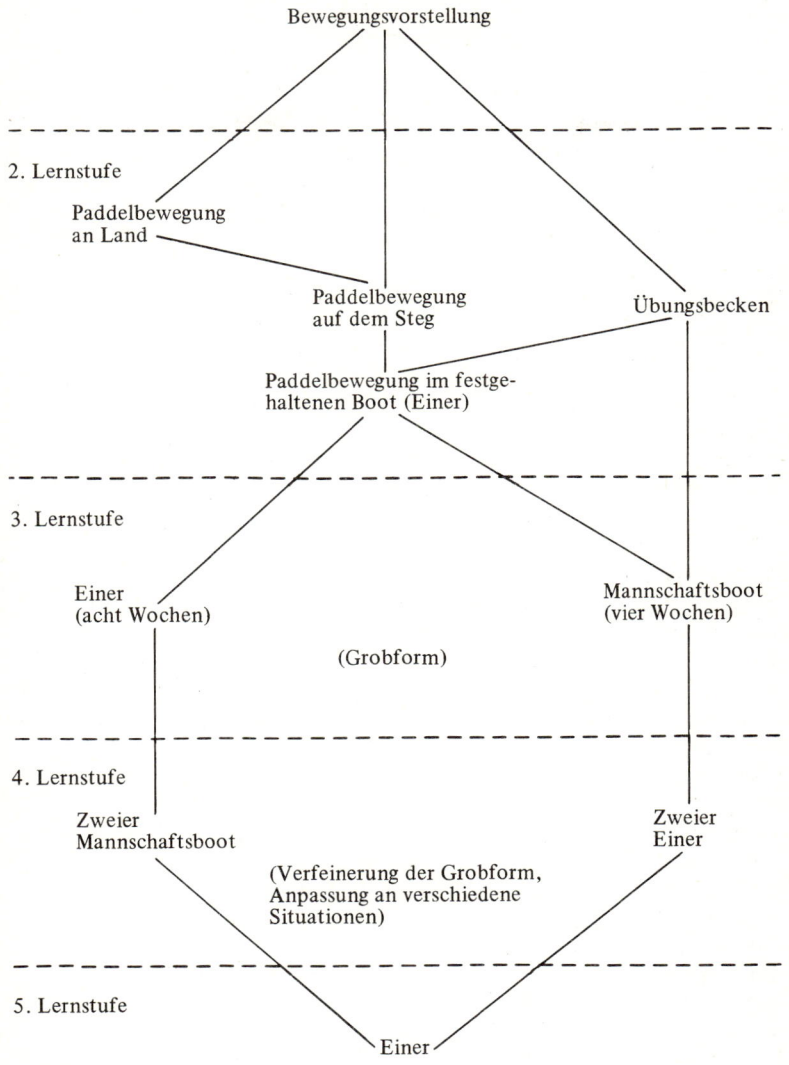

(Stabilisierung der Bewegung, Feinform, Training)

Abbildung 1: Ausbildungsverlauf

men zu können, besteht die Gefahr, daß zu früh mit dem Aufbautraining begonnen wird. Eine allgemeine kanusportliche Ausbildung, das Kennenlernen aller Bootsgattungen, das Erlernen der Techniken im Kajak und Canadier wird zugunsten früher Wettkampferfolge versäumt. Die Folge ist, daß die Jugendlichen schon früh hervorragende Ergebnisse erzielen, aber dann durch ständiges Training, durch hohe Wettkampferwartungen und Erfolgszwang ‹ausbrennen› und schließlich mit dem Leistungssport aufhören. Die Schülermeister von heute werden kaum die Meister von morgen sein. Daher lieber auf kurzfristige Erfolge in Schülerklassen verzichten und durch eine allgemeine, vielseitige Ausbildung die Basis für langfristige Erfolge schaffen!

Technikbeschreibungen

Die Erfahrung zeigt, daß Sportler mit unterschiedlichen Techniken, die oft sogar gegensätzlich zu sein scheinen, gleich gute Wettkampfergebnisse erzielen. Denn alle Techniken und Stilvarianten, die erfolgreich sind, haben eines gemeinsam: Sie beachten die allgemeinen Grundsätze der Kajak- und Canadiertechnik. Nur durch die individuell verschiedenen anatomischen, physischen und psychischen Voraussetzungen der Sportler bilden sich unterschiedliche Bewegungsvarianten.
Folgende Grundsätze sind zu beachten:
(1) Eine optimale Ausnutzung der Gesamtmuskulatur
Damit die größte Leistung erreicht wird, müssen möglichst viele Muskeln bei der Paddelbewegung eingesetzt werden. Ihre Beanspruchung soll nicht gleichzeitig erfolgen und während des gesamten Durchzugs andauern, sondern ökonomisch abgestimmt wechseln, und zwar je nach Muskelgruppe, die in der jeweiligen Phase optimal eingesetzt werden kann.
(2) Ausnutzung der muskulären Vordehnung bei Beginn des Schlags
Es ist bekannt, daß der vorgedehnte Muskel leistungsfähiger ist als der verkürzte Muskel. Aus diesem Grund wird der Anriß zum wichtigsten Teil des Durchzugs, denn in diesem Moment befindet sich der Körper in einer nach vorn geneigten Strecklage, die eine Vordehnung derjenigen Muskulatur bewirkt, die beim Durchzug beansprucht wird.
(3) Einsatz der stärksten Muskelgruppen bei Beginn des Durchzugs
Weil der Anriß der kraftaufwendigste Teil des Durchzugs ist, müssen hier die größten und stärksten Muskelgruppen eingesetzt werden, nämlich die gesamte schrägverlaufende Rumpfmuskulatur, bestehend aus breitem Rückenmuskel, dreiköpfigem Armmuskel und dem Brustmuskel.

(4) rhythmische Bewegungen

Im Kanurennsport spielt der Rhythmus, das heißt das zeitliche Verhältnis von Zug- und Luftphase, eine entscheidende Rolle. Der rhythmische Wechsel von Spannung und Entspannung bedeutet – grob genommen – einen ständigen Wechsel von Arbeit und Erholung, ein Ausgeben und Wiederaufladen von Energie. Ohne die Phasen der Erholung würde der Organismus sehr rasch ermüden und schließlich völlig bewegungsunfähig werden. Ein wesentliches Kennzeichen einer optimalen dynamischen Gliederung ist der fließende Übergang zwischen den Spannungs-(Zug-) und Entspannungsphasen (Luftphasen). Wo ‹Ecken› im Bewegungsablauf autreten, liegt ein schlechter Bewegungsfluß vor.

Kajaktechnik

Der Kajakfahrer sitzt leicht nach vorn geneigt auf seinem Sitz, der circa 8 cm hoch ist. Die Kniegelenke sind etwas angewinkelt, die Beine geschlossen. Sie dürfen nicht an den Süllrand gedrückt werden, da sich sonst die Körperarbeit durch seitliches Schaukeln nachteilig auf den Lauf des Boots auswirkt. Die Fersen stehen auf dem Bootsboden, die Fußballen drücken gegen das Stemmbrett; zwischen ihnen befindet sich das Steuer. – Der Schaft des Paddels wird so gehalten, daß Ober- und Unterarm einen rechten Winkel bilden, wenn man das Paddel über den Kopf hält. Der Abstand zwischen Hand und Blatt muß auf beiden Seiten gleich sein. Die Finger umfassen den Schaft nur leicht (*Foto 9*).

9

Die häufigsten Fehler
● bei der Grundstellung – die Knie werden gegen den Süllrand gedrückt, um dem Boot scheinbar Stabilität zu verleihen. Der Oberkörper ist zu aufrecht oder sogar nach hinten gebeugt (Anlehnen am Süllrand).
● bei der Paddelhalte – nach wenigen Paddelschlägen verändert sich der Abstand der Hände am Schaft. Farbbandmarkierungen helfen hier, den alten Abstand schnell wiederzufinden.

Die Paddelbewegung läßt sich in zwei Hauptphasen unterteilen, der *Zug-Druckphase* und der *Luftphase*. Folgende Bewegungen werden dabei vom Körper und von den Armen gemacht:
Vor dem Wasserfassen auf der rechten Seite (*Bildreihe links, von oben nach unten*) dreht sich der Oberkörper um die Längsachse nach rechts. Der Arm auf dieser Seite ist vollkommen gestreckt, der linke Arm dagegen gebeugt; Ellbogen und Hand befinden sich in Schulterhöhe. Das rechte Blatt wird senkrecht, schnell und spritzerlos eingetaucht. Erst wenn das ganze Blatt im Wasser ist und der Körper Druck aufgenommen hat, beginnt die Zugphase der rechten und die Druckphase der linken Körperseite. Die rechte Schulter wird zurückgezogen, der rechte Arm leicht angewinkelt, während sich die linke Schulter automatisch nach vorn dreht und der linke Arm gestreckt wird. Dabei bleibt die linke Hand in Schulterhöhe. Ihre Vorwärtsbewegung endet etwa in der Mitte des Boots über dem Kiel. Handrücken und Unterarm bilden eine Linie; ein seitliches Abknicken der Hände führt zu Verhärtungen der Unterarmmuskulatur.
Das Blatt wird parallel zum Kiel durchgezogen, wodurch ein Gieren des Boots verhindert wird. Die Zugbewegung des rechten Armes endet in Hüfthöhe.
Beim Durchzug des rechten Paddelblatts stemmt sich das rechte Bein gegen das Stemmbrett. Zieht die linke Seite, so drückt das linke Bein gegen das Stemmbrett.
Das Ausheben des Blatts muß schnell erfolgen, damit keine Bremswirkung entsteht. Kurz nach dem Aushub sind Schultern und Rumpf am stärksten verdreht. Der rechte Ellbogen zeigt zum Heck, während die rechte Hand das Paddel bis in Schulterhöhe hochführt und dabei mit einer kurzen Handgelenkbewegung das Blatt um circa 85 Grad dreht. Das linke Blatt erhält dadurch die richtige Stellung für das Wasserfassen. – Die kurze Luftarbeit ist mit einer Entspannungsphase für die Muskulatur gleichzusetzen. Der Kopf macht die Bewegung der Körperdrehung nicht mit. Der Blick ist geradeaus auf das Wasser gerichtet. Analog führt nun die linke Körperseite die Zugbewegung aus und die rechte Seite die Druckbewegung (*Bildreihe rechts*).

Da das Kajakfahren eine zyklische Bewegungsfolge ist, verschmelzen
die Einzelbewegungen zu einem rhythmischen Gesamtablauf.

Die häufigsten Fehler
● beim Wasserfassen – das Blatt wird durch die Luft zurückgezogen,
bevor es ins Wasser getaucht wird.
● beim Durchzug – der Schaft wird von beiden Händen zu fest umfaßt.
Die Unterarmmuskulatur verhärtet sich. Der Zugarm wird zu früh
gebeugt, das heißt, der Anriß wird in erster Linie von der Armmuskula-
tur ausgeführt und nicht aus der Körperdrehung heraus.
● beim Drücken – Ellbogen und Hand des drückenden Arms befinden
sich nicht in Schulterhöhe. Das Handgelenk ist gebeugt.
● beim Aushub – das Handgelenk des ziehenden Arms ist seitlich
abgeknickt.
● bei der Gesamtbewegung – der Kopf wird nicht ruhig gehalten; der
Weg des Blatts wird mit den Augen verfolgt. Die Gesamtbewegung ist
zu eckig, die Zug-Druckphase und die Luftphase werden durch kurze
Pausen im Bewegungsablauf voneinander getrennt.

Canadiertechnik

Der Canadierfahrer zieht nur auf einer Seite des Boots; er ist entweder
‹Rechts-› oder ‹Linksfahrer›. Die folgende Beschreibung der Technik
bezieht sich auf den ‹Rechtsfahrer. Sie ist für den Linksfahrer analog
anzuwenden.
Der *Rechtsfahrer* (*Foto 10*) kniet mit dem rechten Bein (Standbein) auf
seinem Kissen, das vom Kiel aus etwas nach rechts versetzt liegt.
Oberschenkel und Unterschenkel des Standbeins bilden einen Winkel
von 100 Grad, wodurch der Oberkörper eine leichte Vorlage erhält.
Der rechte Fuß stemmt gegen eine Trimmstütze, die verschiebbar auf
dem Bodenrost angebracht ist. Das linke Bein (Spielbein) bildet zwischen Ober- und Unterschenkel einen Winkel von 130 Grad. Der Fuß
steht etwas nach links versetzt, und zwar so, daß die Fußspitze nach
innen zeigt. Diese Beinstellung darf sich während des gesamten Bewegungsablaufs nicht verändern. Beine und Unterkörper müssen im Boot
fixiert sein, um eine gute Kraftübertragung zu gewährleisten.
Die linke Hand umfaßt den Griff des Paddels locker im Ristgriff.
Handrücken und Unterarm bilden eine Linie. Die rechte Hand umfaßt
den Schaft, so daß zwischen Hand und Blattanfang circa zwei Hand-
breit Abstand bleibt. Die optimale Griffweite muß jeder Sportler später selbst finden. Sie ist unterschiedlich bei Gegen- und Rückenwind
und kann in einem Wettkampf bei Start und Endspurt variiert werden.

10

Die häufigsten Fehler
● bei der Grundstellung – keine Vorlage des Oberkörpers. Unter- und Oberschenkel des Standbeins bilden oft einen Winkel unter 90 Grad. Falsche Winkelstellung im Kniegelenk des Spielbeins.
● bei der Paddelhalte – das linke Handgelenk ist gebeugt.

Die Wasserarbeit beginnt mit dem Wasserfassen. Der Rumpf ist leicht vorgebeugt; die rechte Schulter und der rechte Arm sind nach vorn gestreckt (*Foto 11 und 12, Seite 88*). Die linke Schulter ist etwas zurückgedreht, der linke Arm ist leicht gebeugt. Diese Verwringung von Schulter- und Beckengürtel bewirkt – wie eine Ausholbewegung – eine Dehnung und Vorspannung der Rumpfmuskulatur.

11   12

Paddel und Wasseroberfläche bilden beim Einsatz einen spitzen Winkel von 60 bis 70 Grad (*siehe Bildreihe, jeweils von oben nach unten*). Erst wenn das Blatt voll eingetaucht ist, beginnt der Durchzug, bei dem das Paddel mit beiden Armen und Schultern nach unten ins Wasser gedrückt wird. Durch das Auflösen der Verwringung und das Aufrichten des Oberkörpers gelangt das Blatt automatisch zur Höhe des Standbeins.

Die rechte Schulter wird dabei zurückgenommen und die linke Schulter nach vorn gedreht. Der linke Arm wird im Ellbogengelenk stärker eingebeugt, damit keine Schaufelbewegung entsteht und das Paddelblatt möglichst senkrecht bleibt. Hat das Blatt das Standbein erreicht, wird es aus beiden Handgelenken heraus vom Boot weggedreht. Diese Bewegung ist der *Steuerschlag*, der weiter unten näher beschrieben wird. Erst jetzt beugt sich der rechte Arm etwas im Ellbogengelenk. Das Paddel wird nach oben aus dem Wasser gehoben und auf geradem Weg, knapp über der Wasseroberfläche, nach vorn gebracht. Dabei wird das Blatt von der linken Hand so gedreht, daß die rechte Blattkante nach vorn zeigt. Das Blatt bietet so der Luft und dem Wind den geringsten Widerstand. Mit der Verwringung des leicht nach vorn geneigten Oberkörpers kann der nächste Bewegungszyklus beginnen.

Die häufigsten Fehler
● beim Wasserfassen – die Verwringung des Oberkörpers wird nur angedeutet. Die Vorlage ist zu gering.
● beim Durchzug – das Blatt wird nicht früh genug ausgehoben, sondern bis hinter das Standbein durchgezogen. Der Unterkörper wird nicht ruhig gehalten. Er weicht dem Druck, der beim Anriß entsteht, aus oder macht die Bewegungen des Oberkörpers mit. Beim Anriß wird das Paddel nicht nach unten gedrückt, sondern zu sehr zum Körper gezogen. Der rechte Arm wird bereits nach dem Anriß gebeugt.
● beim Steuern – das Blatt wird nicht schnell genug aus dem Wasser herausgenommen, was unnötiges Bremsen bewirkt.
● bei der Luftphase – das Paddel wird in einem Bogen nach vorn geführt und nicht auf direktem Weg.
● bei der Gesamtbewegung – der Rhythmus zwischen Arbeits- und Ruhephase wird durch Pausen, vor allem am Ende des Durchzugs, unterbrochen.

Neben dem Halten des Gleichgewichts bereitet dem Anfänger das Steuern des Boots die größten Schwierigkeiten. Es dauert manchmal Monate, bis das Steuern richtig beherrscht wird. Die Drehung der Bootsspitze nach rechts, die während des Durchzugs entsteht, muß am Ende des Schlags wieder ausgeglichen werden, damit das Boot den Kurs hält.

Wenn das Blatt das Standbein erreicht hat, wird es mit der zum Boot zeigenden Kante nach außen vom Boot weggedreht. Als Ansatzpunkt wird der Schaft des Paddels an die Scheuerleiste des Boots angelegt. Die Drehbewegung wird vom rechten und linken Handgelenk ausgeführt. Wird der Griff des Paddels nach links gedrückt, so entsteht ein Druck auf der Blattfläche, der genau senkrecht zur Fahrtrichtung wirkt und das Boot wieder in den alten Kurs hineindreht.

Diese Drehung des Paddels muß sich harmonisch an die Zugbewegung anschließen und das Herausnehmen aus dem Wasser einleiten. Je kürzer die Steuerbewegung ausfällt, desto geringer ist die Bremswirkung für die Geschwindigkeit des Boots.

Training

Eine Leistungssteigerung ist nur durch entsprechendes Training zu erreichen. Die körperlichen Fähigkeiten Kraft, Ausdauer und Schnelligkeit sowie die koordinativen Fertigkeiten Beweglichkeit und Geschicklichkeit werden durch Trainingsmethoden systematisch verbessert.

Durch langjährige praktische Erfahrungen hat sich die Erkenntnis durchgesetzt, daß das Training vom Anfänger bis zum Hochleistungssportler ein kontinuierlicher und einheitlicher Prozeß ist. Er wird aufgrund unterschiedlicher Ziel- und Aufgabenstellungen bestimmter Ausbildungsabschnitte in drei Etappen unterteilt:

(1) Grundlagentraining
(2) Aufbautraining
(3) Hochleistungstraining

Im *Grundlagentraining* müssen durch eine vielseitige athletische Ausbildung die allgemeinen und speziellen Voraussetzungen für hohe sportliche Leistungen geschaffen werden. Im *Aufbautraining* werden die erworbenen Eigenschaften und Fertigkeiten weiter vervollkommnet, wobei die Auswahl der Trainingsmittel stark kanuspezifisch orientiert ist. Die Vorbereitung der individuellen Höchstleistung ist Aufgabe des *Hochleistungstrainings*.

Für das Grundlagen- und Aufbautraining sind sechs bis acht Jahre zu veranschlagen. Das bedeutet: Wenn im 11./12. Lebensjahr begonnen wird, müssen im 18./19. Lebensjahr alle Voraussetzungen für das Hochleistungstraining geschaffen sein. Die individuelle Höchstleistung sollte nach drei bis vier Jahren, also etwa nach dem 22. Lebensjahr, erreicht werden. Entscheidend für die Dauer des Trainingsprozesses sind letztlich immer die individuellen körperlichen und geistigen Entwicklungsvoraussetzungen (Talent) sowie die äußeren Trainingsbedingungen wie Trainer, Trainingsgebiet usw.

Wichtig für das Grundlagentraining ist
1. Die Entwicklung vielfältiger Bewegungseigenschaften steht im Vordergrund.
2. Die Übungsstunde muß abwechslungsreich gestaltet sein.
3. Der Bewegungsablauf der Paddelbewegung muß ständig verbessert werden.
4. Die Steigerung der Trainingsbelastung muß vorwiegend durch Erhöhung des Umfangs erfolgen.
5. Die Trainingsreize müssen so dosiert sein, daß keinerlei Gefährdungen für den Bewegungsapparat bestehen (besonders beim Hanteltraining).

Trainingsmittel, die sich im Grundlagentraining bewährt haben, sind
● Paddeln – Dauerfahrten 8 bis 10 km; Fahrtspiel; spielerische Trainingsformen wie «Bockspringen» und «Wellenfahren»; Verbesserung der Technik
● Gymnastik – vor allem Ganzkörperübungen oder Übungen, die der Verbesserung der Koordination dienen; Kräftigungsübungen, auch mit Partner
● Spiele – Fußball, Basketball, Handball, Volleyball
● Turnen – das Üben einfacher Elemente aus dem Bereich Geräteturnen (Aufschwünge, Felgen, Rollen, Kippen)
● Schwimmen – Dauerschwimmen 15 bis 20 Minuten; Erlernen der Grundschwimmarten (wer gut schwimmen kann, hat keine Angst vor dem Kentern)
● Laufen – Dauerläufe bis 30 Minuten (wenn möglich im Winter Skilanglauf)
● Gerätezirkel oder Hindernisbahnen – allgemeine Kräftigung aller Muskelgruppen (Geschicklichkeit); der Reiz wird durch das eigene Körpergewicht oder ein geringes Fremdgewicht (Medizinball) gegeben.
Im Grundlagentraining bleibt die Entscheidung über die Trainingshäufigkeit dem jungen Sportler überlassen. Je nach Lust und Interesse soll es zu einem zwei- bis viermaligen Training pro Woche kommen.
Erst im Aufbau- und Hochleistungstraining wird ein Training durchgeführt, das sich durch planmäßige und systematische Leistungsentwicklung auszeichnet. Grundlage der Trainingsplanung ist die Jahresperiodisierung. Die Unterteilung in Perioden, Makro- und Mikrozyklen ergibt sich aus den unterschiedlichen Trainingszielen und -inhalten sowie aus den Wettkampfhöhepunkten der Saison.

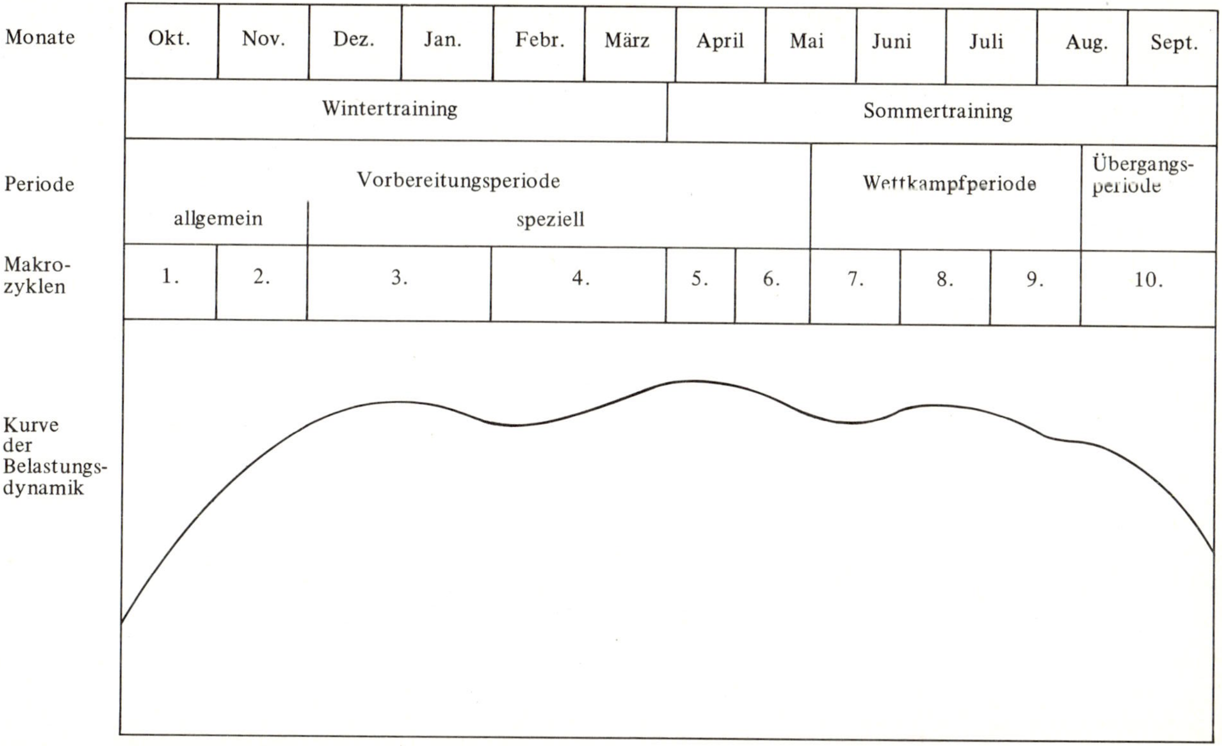

Monate	Okt.	Nov.	Dez.	Jan.	Febr.	März	April	Mai	Juni	Juli	Aug.	Sept.
Periode		Wintertraining						Sommertraining				
	Vorbereitungsperiode							Wettkampfperiode				Übergangs-periode
	allgemein		speziell									
Makro-zyklen	1.	2.	3.		4.		5.	6.	7.	8.	9.	10.
Kurve der Belastungs-dynamik												

Abbildung 2: Periodisierung im Kanurennsport

Wintertraining

Im Wintertraining werden die Grundlagen für die Wettkampferfolge des Sommers geschaffen. Die Spitzenleistungen auf dem Wasser wären ohne ein ganzjähriges Training undenkbar. Die Auswahl der Trainingsmittel richtet sich nach den im Boot benötigten physischen Eigenschaften.

Kraftausdauer und Schnelligkeitsausdauer im Kurzzeit- und Mittelzeitausdauerbereich sind die wichtigsten physischen Eigenschaften, die der Rennsportler braucht. Je höher das Niveau dieser Eigenschaften ist, desto besser kann die Wettkampfleistung sein.

Das Wintertraining ist Bestandteil der Vorbereitungsperiode. Es wird in zwei Etappen unterteilt:

1. Etappe – Anfang Oktober bis Ende November: allgemeine physische Ausbildung, gleichmäßige Belastung aller Muskelgruppen und Organsysteme

2. Etappe – Anfang Dezember bis Mitte März: spezielle Ausbildung der im Boot benötigten Eigenschaften

Beschreibung der Trainingsmittel

(1) Lauftraining
● *Dauerlauf.* Der Dauerlauf soll durch abwechslungsreiches (wenn möglich profiliertes) Gelände führen. Nach einer kurzen Anlaufzeit soll die Pulsfrequenz während der gesamten Belastungszeit über 150

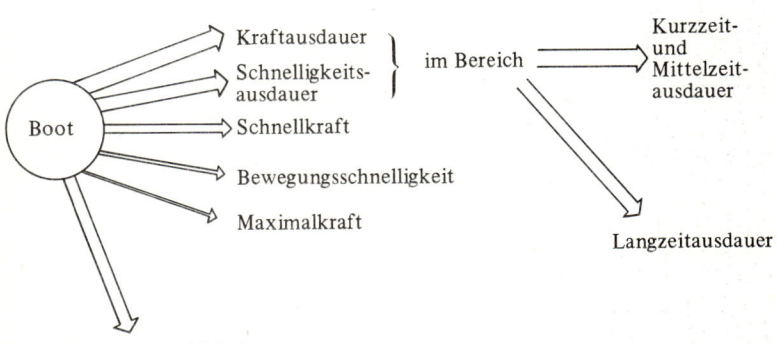

Abbildung 3: Rangfolge der benötigten Eigenschaften

1   2

Schläge/Minute liegen (Kontrolle); denn unterhalb dieser Grenze wird
der positive Reiz auf das kardiopulmonale System (Herz-, Kreislauf-
und Atmungssystem) in Frage gestellt (*Foto 1 und 2*). Die Dauer der
Belastung soll mehr als 40 Minuten betragen (optimal 50 bis 60 Minuten). Einfluß auf den Organismus: Vergrößerung der allgemeinen
aeroben Kapazität.

● *Intervalläufe.* Durch Intervalläufe lassen sich in wesentlich kürzerer
Zeit als durch Dauerläufe Vergrößerungen der aeroben und anaeroben
Kapazität erreichen (Herzvergrößerung, Atemökonomie, Kapillarisie-
rung usw.). Die Anpassungsvorgänge im Organismus sind jedoch nicht
so tiefgreifend und gehen schnell wieder verloren.

Beim reinen Intervalltraining werden Strecken von 200 m mit unvollständigen Erholungspausen, in denen weitergetrabt wird, acht- bis
zehnmal durchlaufen. Die Pulsfrequenz soll während der Belastung bis
über 180 Schläge/Minute ansteigen. Wenn die Frequenz beim ruhigen
Traben auf 120 Schläge/Minute abgesunken ist, kann die nächste Lauf-
phase beginnen. Die Belastung wird durch Erhöhung der Wiederho-
lungsanzahl gesteigert. Durch den immer besser werdenden Trainingszustand verkürzen sich die Pausen automatisch. Diese Art Intervalltraining wird am besten auf einer 400-m-Aschenbahn durchgeführt.

Es gibt eine zweite Intervalltrainingsform, die als Intervalldauerlauf
bezeichnet werden kann. Auf einem Rundkurs von circa 1,5 bis 2 km
Länge werden drei bis vier Runden gelaufen. In jeder Runde wird eine
Strecke von etwa 1000 Meter voll gelaufen; der Rest wird locker
getrabt und gilt als Erholungspause. Von Vorteil ist es, wenn man sich
einen Rundkurs aussucht, in dem eine lange Steigung vorkommt. Die

Steigung gilt als Belastungsstrecke (circa 4 Minuten), der Weg bergab als Erholungsstrecke. Steigerungsmöglichkeiten gibt es, indem die Anzahl der Runden erhöht wird oder die Belastungsstrecke schneller durchlaufen wird. Für einen optimalen Reiz auf den Organismus ist wichtig, daß die Pulsfrequenz am Ende der Erholungsphase auf 120 Schläge/Minute abgesunken ist.

Variante: Da beim Lauftraining nur ein geringer Trainingseffekt in der kanuspezifischen Muskulatur (Oberkörpermuskulatur) erzielt wird, kann man während des Dauerlaufs oder am Ende der Intervallbelastungen Kräftigungsübungen für diese Muskelgruppe einbauen (zum Beispiel Partnerübungen, Klimmzüge, Liegestütz, Schubkarrelaufen).

Häufigkeit des Lauftrainings:
1. Etappe: pro Woche 2mal Dauerlauf
2. Etappe: pro Woche 1mal Dauerlauf, 1mal Intervallauf,
   1mal Intervalldauerlauf

(2) Hanteltraining

Durch Hanteltraining werden je nach Organisationsform unterschiedliche Muskeleigenschaften angesprochen und verbessert. Der Unterschied in der Wirkung hängt vom Übungsgewicht und von der Anzahl der Wiederholungen pro Übung ab.

	Übungsgewicht in Prozent des Maximalgewichts	Anzahl der Wiederholungen	Arbeitstempo	Serienpause	Serienanzahl
Maximalkraft	80–100	1–8	zügig	2–5 Min.	3–5
Schnellkraft	60– 70	6–12	explosiv	2–5 Min.	3–6
Kraftausdauer	40– 50	25–40	zügig	4–6 Min.	3–6
Schnelligkeitsausdauer	20– 30	60–120	höchstmöglich	4–6 Min.	3–5

Tabelle 5: Übersicht Hanteltrainingsformen

● *Maximalkraft.* Da der Kanurennsport zu den Ausdauersportarten zu zählen ist, bleibt die Schulung der Maximalkraft umstritten. Trotzdem muß sie bis zu einem bestimmten Niveau entwickelt werden, weil sie die Grundkraft für das Training von Schnellkraft und Kraftausdauer schafft.

Maximalkrafttraining sollte derjenige Sportler durchführen, der weniger als sein Körpergewicht plus 15 Prozent beim maximalen Bankdrükken bzw. weniger als sein Körpergewicht plus 20 Prozent beim maximalen Bankziehen erreicht.

Beispiel: Körpergewicht 80 kg
           Bankdrücken 80 kg + 12 kg = 92 kg Grenzwert
           Bankziehen 80 kg + 16 kg = 96 kg Grenzwert

Bei Jugendlichen sind geringere Grenzwerte zu setzen, da sich die Beziehung Muskelkraft zu Körpergewicht im Laufe der körperlichen Entwicklung zugunsten der Muskelkraft verschiebt.

Maximalkrafttraining wird in der ersten Etappe zweimal pro Woche durchgeführt. Sind die obengenannten Grenzwerte noch nicht erreicht, sollte auch in der zweiten Etappe einmal pro Woche Maximalkraft trainiert werden.

Methode und Organisationsformen:
– Wiederholungsform (gleichbleibendes Gewicht), zum Beispiel 5 Serien à 8mal 80 % des Maximalgewichts
– Pyramidenform (wechselndes Gewicht)
  zum Beispiel 6mal 80 %, 4mal 90 %, 1mal 100 %, 4mal 90 %, 6mal 80 % des maximalen Gewichts
– Absolute Form
  zum Beispiel einmaliges Bewältigen des maximalen Gewichts

Als Organisationsform wird das *Stationstraining* angewendet. Hier werden alle vorgesehenen Serien an der ersten Übung durchgeführt, bevor man zur nächsten wechselt.

Übungsauswahl

Bankziehen, Bankdrücken, Aufrichten aus der Rückenlage (Kissen im Rücken), einarmiges Reißen, Zuggeräte, Klimmzüge mit Zusatzgewicht, Liegestütz mit Zusatzgewicht

● *Schnellkraft* wird vor allem beim Start benötigt. Sie soll vornehmlich bei Jugendlichen oder ‹500-m-Fahrern› ausgebildet werden. In den ersten beiden Etappen sollte einmal pro Woche ein Schnellkrafttraining durchgeführt werden. Die Organisationsform und die Übungsauswahl ist mit dem Maximalkrafttraining gleich.

● *Kraftausdauer* ist die wichtigste Krafteigenschaft für den Rennkanuten und sollte daher vorrangig entwickelt werden. In der ersten Etappe muß pro Woche zwei- bis dreimal Kraftausdauer trainiert werden, wobei nach Bedarf eine Trainingseinheit zugunsten der Maximalkraft entfallen kann. In der zweiten Etappe muß dann dreimal pro Woche Kraftausdauer trainiert werden.

Berechnung des Übungsgewichts: Zuerst wird das Maximalgewicht festgestellt (eine Wiederholung mit dem höchstmöglichen Gewicht). Danach wird mit 40 Prozent des Maximalgewichts die maximale Wie-

derholungszahl ermittelt. Mit diesem Gewicht und 50 Prozent der maximalen Wiederholungszahl soll im Durchgang gearbeitet werden.
Beispiel: 100 kg – Maximalgewicht
        40 % = 40 kg damit 60 Wiederholungen maximal
        gearbeitet wird mit 40 kg und 30 Wiederholungen
Dieses Verfahren kann nicht bei allen Übungen angewendet werden, da oft das Maximalgewicht bei einer Wiederholung aufgrund der komplexen Übungsstruktur nicht ermittelt werden kann. Bei solchen Übungen wird mittels der maximalen Wiederholungszahl das Arbeitsgewicht festgesetzt. Circa 60 Wiederholungen sollten maximal möglich sein; sonst ist das Arbeitsgewicht zu schwer.
Methode und Organisationsformen
Die Übungen werden in Kreisform aufgebaut, wobei von Übung zu Übung jeweils andere Muskelgruppen im Wechsel belastet werden. Erst nach Absolvierung des Durchgangs wird eine Pause eingelegt. Liegt die Erholungspulsfrequenz bei circa 110 Schläge/Minute, kann der nächste Durchgang beginnen. Steigerungsmerkmale ergeben sich durch:
– Erhöhung der Wiederholungszahl
– Erhöhung des Gewichts nach neuem Maximaltest
– Verkürzung der Pause zwischen den Serien
– Erhöhung der Serienzahl
Als Kontrollwert wird die Durchlaufzeit festgehalten.
Übungsauswahl
Einarmiges Reißen (*Foto 3 und 4*), Bankdrücken (*Foto 5 und 6, Seite 98*), Aufrichten aus der Bauchlage (Adlerschwingen), Bankziehen (*Fo-*

3

4

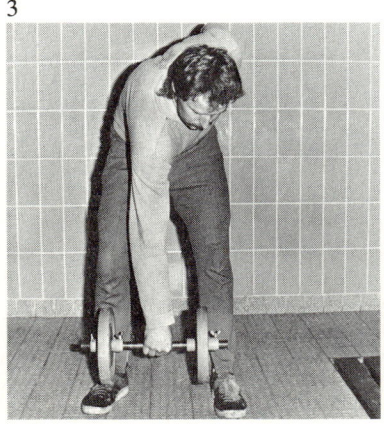

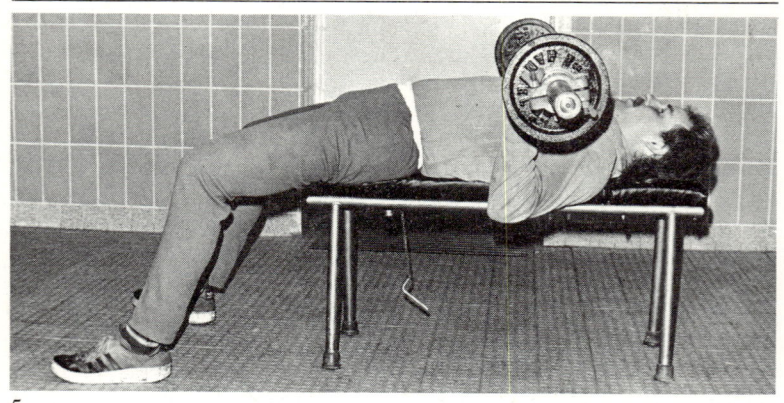

5

6

to 7 und 8), Aufrichten aus der Rückenlage, Umsetzen (*Foto 9 und 10, Seite 100*) Bankziehen mit gestreckten Armen (*Foto 11, Seite 100*), Rumpfdrehbeuge (*Foto 12 und 13, Seite 101*)
Wichtig: Der ‹500-m-Fahrer› soll beim Kraftausdauertraining weniger

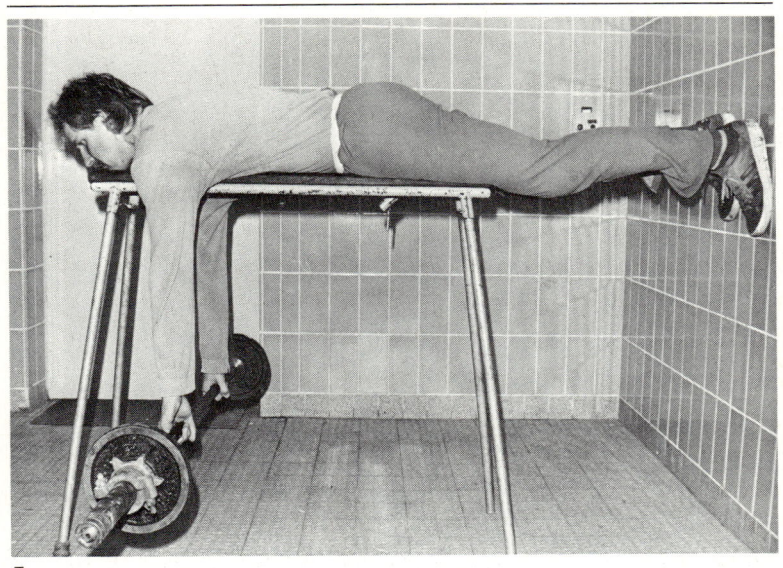

7

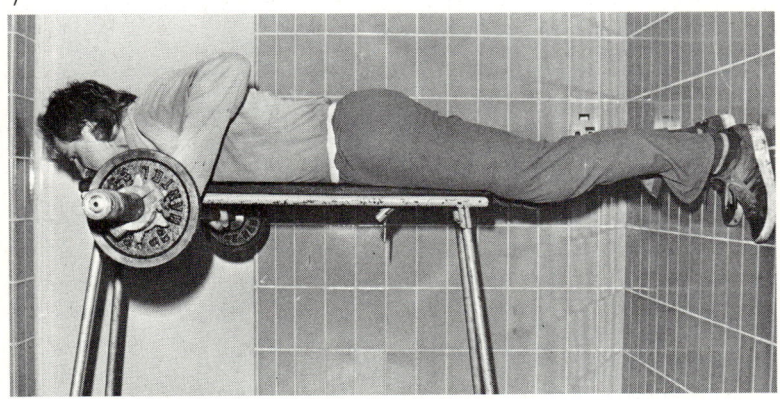

8

Stationen in den Übungskreis aufnehmen (vier bis fünf Übungen), um die Durchlaufzeit zu verkürzen (circa 2 Minuten). Das Arbeitsgewicht soll 50 Prozent (nicht 40 Prozent) des Maximalgewichts bei jeder Übung betragen.

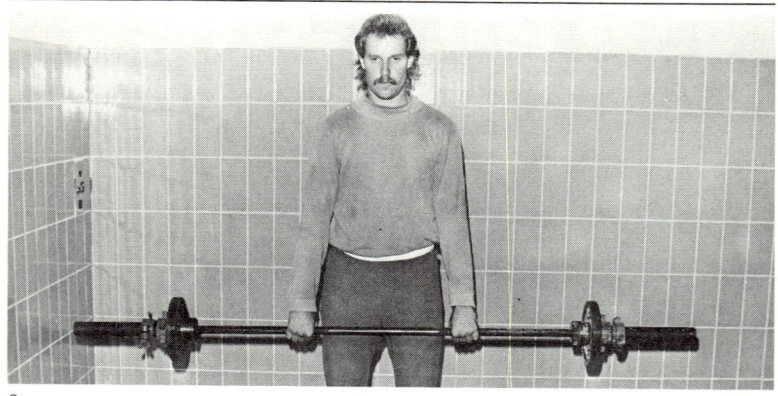

9

10

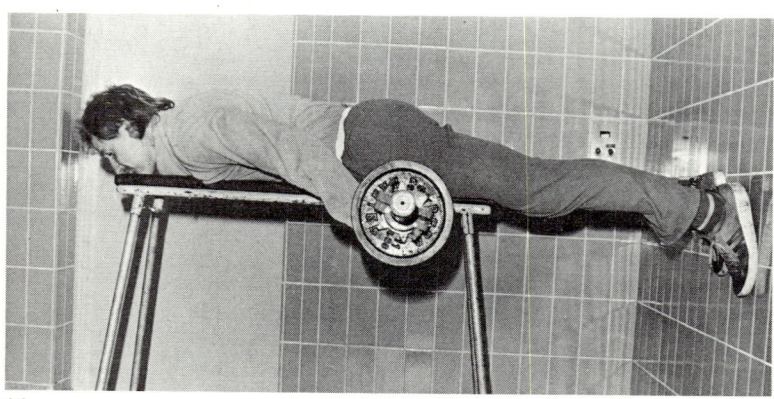

11

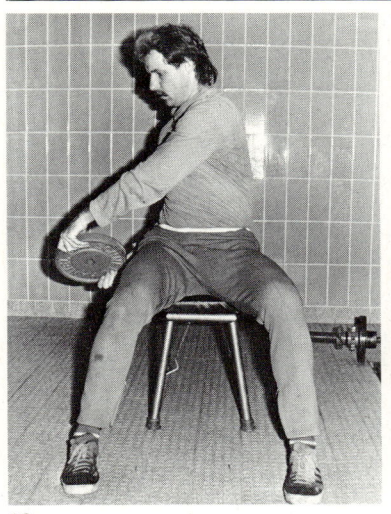

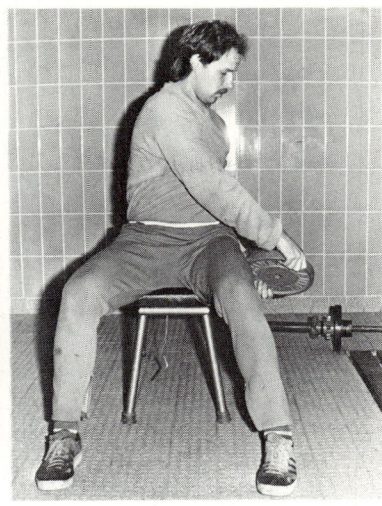

12   13

14

● *Schnelligkeitsausdauer* wird mit leichten Hanteln geschult. Das Übungstempo muß maximal sein; die Dauer der Einzelübung oder der Übungsfolge orientiert sich an den Wettkampfzeiten (2 bis 4 Minuten). Man kann einmal die Dauer der Einzelübung bis in diesen Bereich ausdehnen oder, was sich bewährt hat, verschiedene Übungen ohne Pause aneinanderreihen. Zum Beispiel vier Übungen à 30 Sekunden zweimal hintereinander. Gesamtzeit: 4 Minuten.

Übungsauswahl
Mühldrehen (*Foto 14*), Hanteln vor dem Körper bis zum Kinn ziehen (Ellbogen höher als Hantel)

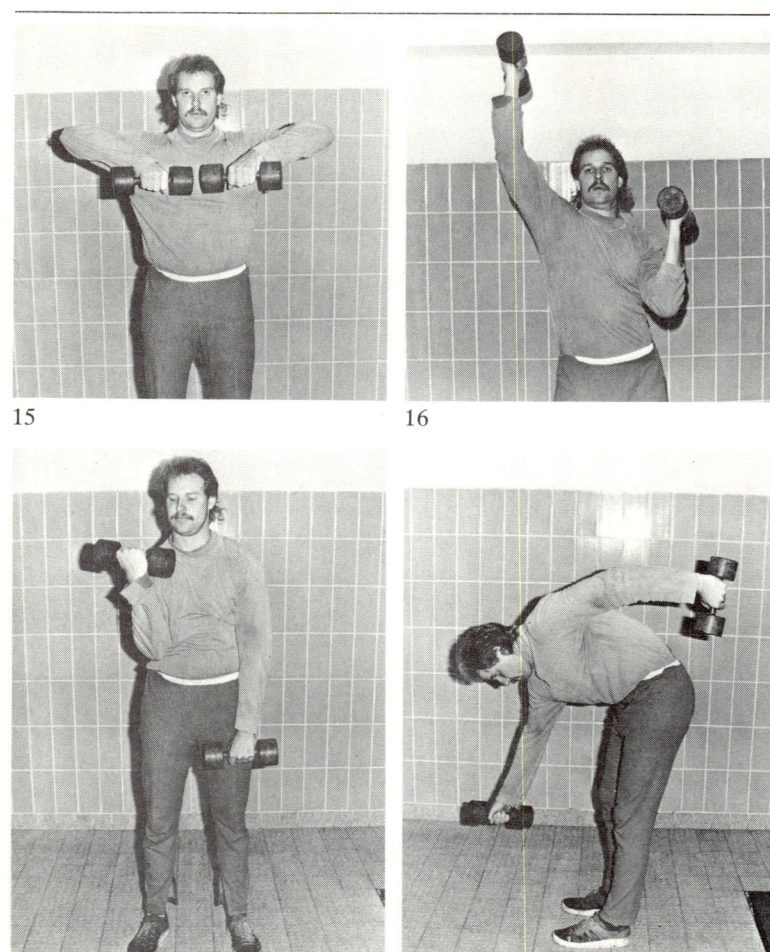

15   16

17   18

(*Foto 15*), hüpfend hochstoßen (*Foto 16*), Unterarmbeuge wechselseitig (*Foto 17*), wechselseitig an der Hüfte vorbei hochziehen (*Foto 18*)
Häufigkeit: in der ersten Etappe kein Schnelligkeitsausdauertraining
            in der zweiten Etappe ein- bis zweimal pro Woche

(3) Zirkeltraining

Das Zirkeltraining ist ein zweckmäßiges und universelles Trainingsmittel zur Vervollkommnung der Bewegungseigenschaften Ausdauer,
Kraft und Schnelligkeit. Im Grundlagentraining wird es zur Schaffung
der allgemeinen Bewegungsvoraussetzungen eingesetzt, im Aufbau-
und Hochleistungstraining zur Verbesserung der Kraftausdauer. Das
bedeutet, daß zwischen den einzelnen Stationen keine Pausen eingelegt
werden (nur Wechsel des Geräts). Die Zeit des Gesamtdurchgangs soll
insgesamt 4 bis 8 Minuten betragen. Die Wiederholungszahl pro Sta-
tion wird wie folgt festgelegt: Es wird die maximale Wiederholungszahl
an jedem Gerät innerhalb von 20 Sekunden (bei guten Athleten 25
Sekunden) getestet. Diese Wiederholungszahl wird im Zirkel beibehalten, jedoch ohne Zeitbegrenzung.

Übungsauswahl
Kasten – Liegestütz (*Foto 19*)
Turnerbank – im Schlußsprung von einer Seite zur anderen springen
(*Foto 20, Seite 104*) (Kreislaufbelastung)
Ringe oder Reck – Klimmzüge
Seil – Seilklettern (*Foto 21, Seite 104*)
Sprossenwand mit Turnerbank – Füße fixieren, aus der Rückenlage
aufrichten (eventuell mit Zusatzgewicht) (*Foto 22, Seite 104*)
Sprossenwand – Anheben der Beine nach rechts und links über den
Kopf (*Foto 23, Seite 105*)
Holmende des Barrens – Stützbeugen (*Foto 24, Seite 105*)
Kasten – Aufrichten des Oberkörpers aus der Bauchlage (Adler-
schwingen) (*Foto 25, Seite 105*)
Da den meisten Vereinen im Winter eine Turnhalle zur Verfügung
steht, kann der Kraftausdauerzirkel einmal pro Woche durchgeführt
werden.

19

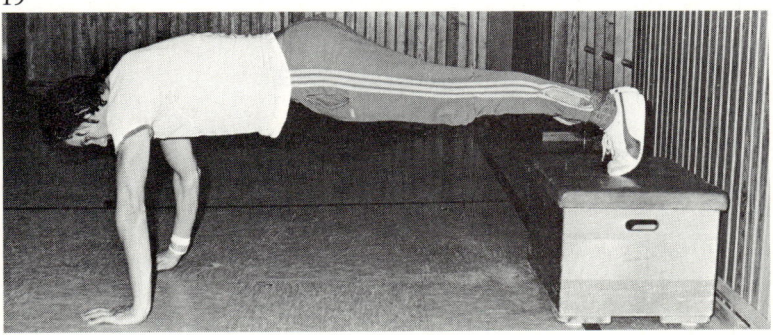

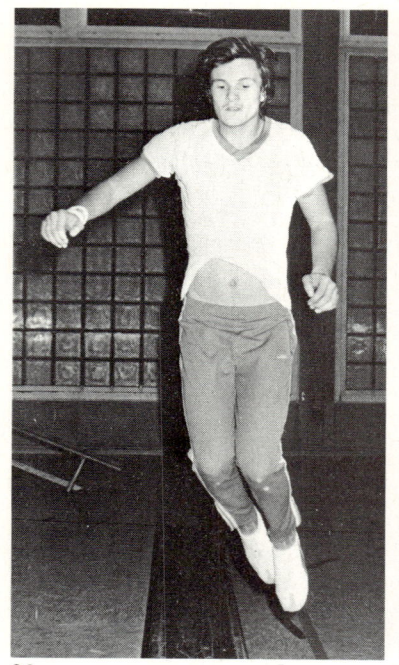

20

21

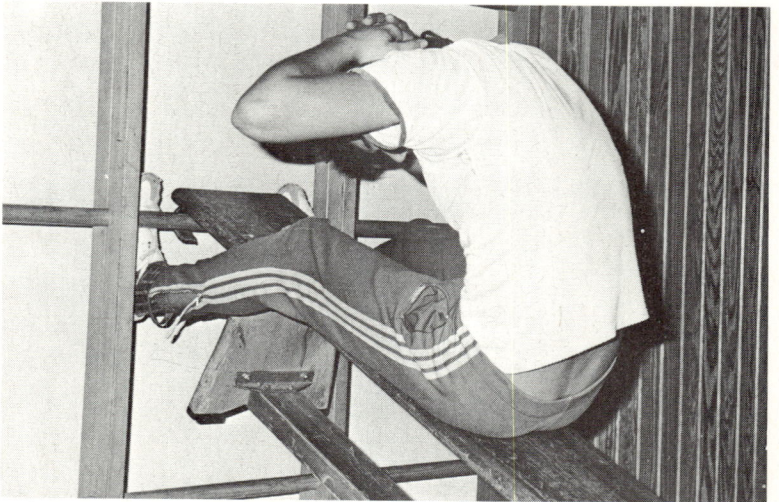

22

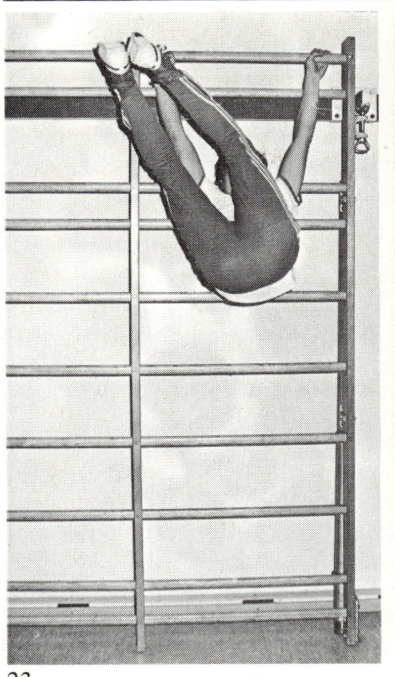

23   24

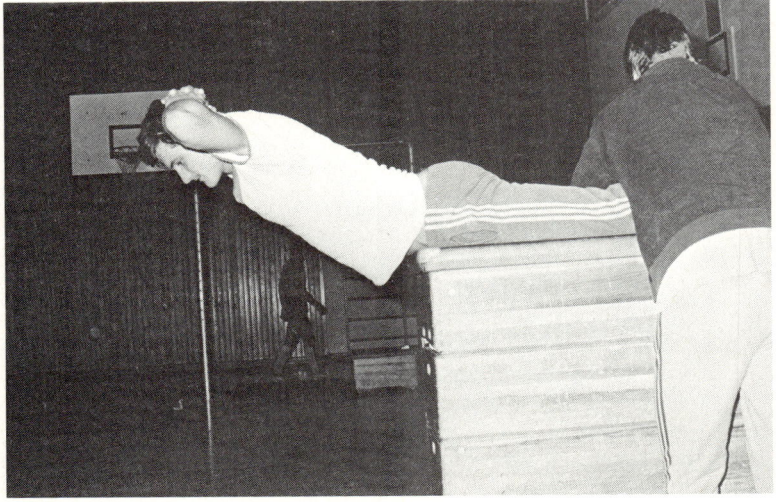

25

(4) Gymnastik
Kein Training ohne Gymnastik! Dehnungs- und Kräftigungsübungen
sind in gleichem Maße wichtig. Bei der Aufwärmarbeit vor dem Hanteltraining sind nur Dehnungs- und Lockerungsübungen anzuwenden.
Beim Hallentraining darf eine längere Einheit, die der Gymnastik
gewidmet ist, nie fehlen. Das Übungsprogramm stellt man am besten
schon vor dem Training zusammen; denn allzuleicht verlieren die
Übungen an Wirksamkeit, wenn das Programm spontan und ohne
Ordnung zusammengestellt wird.
Durch Einbeziehung von Handgeräten (Seilen) oder Partnerübungen
kann die Gymnastik abwechslungsreich gestaltet werden. Die Athleten
müssen die Übungen technisch richtig ausführen; nur dann ist der hohe
koordinative Wert der Gymnastik gewährleistet.
Einfluß auf den Organismus: Verbesserung der Beweglichkeit, Gewandtheit, Koordination und der Kraft.

(5) Spiele
Spiele dienen der Entspannung, Abwechslung und aktiven Erholung.
Kampfspiele wie Basketball, Handball, Volleyball oder Fußball üben
einen Trainingsreiz hinsichtlich Ausdauer und Schnelligkeit aus. Dar-
über hinaus fördern Spiele die koordinativen Fähigkeiten. In der ersten
Etappe können Spiele beim Hallentraining bis zu einem Drittel der
Gesamttrainingszeit einnehmen.

(6) Schwimmen, Skilanglauf
Immer stärker werden das Schwimmen und der Skilanglauf in das
Wintertraining miteinbezogen. Sie eignen sich hervorragend zur Schulung der allgemeinen aeroben Ausdauer, zumal die Oberkörpermuskulatur, im Gegensatz zum Laufen, zusätzlich belastet wird. Beide Sportarten können bei guter technischer Ausführung das Lauftraining er-
setzen.

(7) Bootstraining und spezielle Trainingsmittel
Die ständig wachsenden Anforderungen im Wettkampf machen es
erforderlich, immer spezieller und wettkampfnäher zu trainieren. Spit-
zenkanuten gehen heute dazu über, selbst im Winter Bootstraining
durchzuführen, sobald es die Witterung zuläßt. Man versucht, durch
Dauerfahrten (10 bis 16 Kilometer) das Niveau der Technik zu erhalten oder zu verbessern und durch die aerobe Belastungsform (Pulsfrequenz circa 150 Schläge/Minute) alle speziellen Organfunktionen zu
ökonomisieren.
Läßt die Witterung kein Bootstraining zu, kann im Übungsbecken
trainiert werden (*Foto 26*). Die Trainingszeit sollte etwa 30 bis 40

26

27

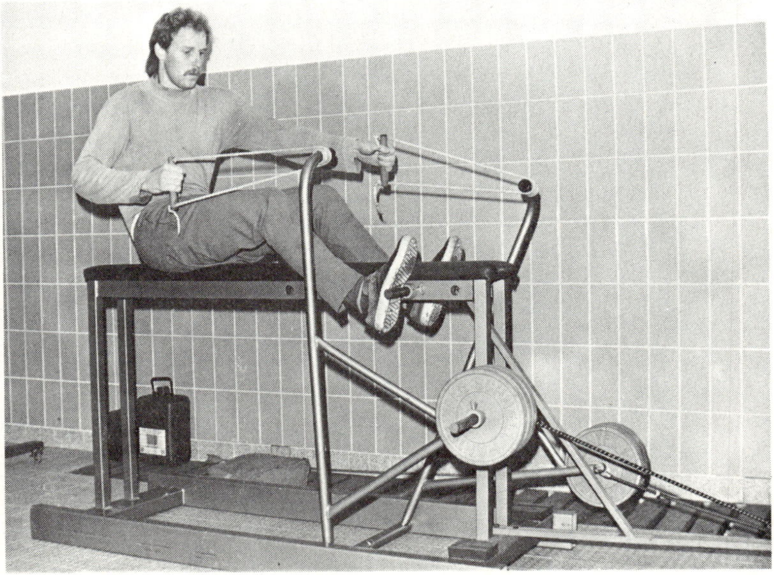

Minuten betragen. Bei einer längeren Belastungszeit besteht die Gefahr, daß durch unterschiedliche Druckverhältnisse die Technik im Boot leidet. Der Durchzug sollte nur geringfügig schwerer als im Boot sein, die Schlagfrequenz sollte der im Boot entsprechen. Stehen Zuggeräte zur Verfügung, soll so oft wie möglich parallel zum Bootstraining an diesen Geräten gearbeitet werden (*Foto 27, Seite 107*). Die Belastungszeit entspricht den Wettkampfzeiten, also 2 bis 4 Minuten.

Beispiel: viermal 4 Minuten Ziehen
        Pause: 2 Minuten mit Gymnastik

	Bank-Ziehen	Bank-Drük-ken	Einarmiges Reißen	Langzeitausdauer	Mittelzeitausdauer
Kajak–Herren	40 kg 60 Sek.	40 kg 60 Sek.	–	Schwimmen: 1500 m Laufen: 10 km	Lauf über 5 Min.
Canadier	40 kg 60 Sek.	–	20 kg 60 Sek. (nach 30 Sek. Handwechsel)	Schwimmen: 1500 m Laufen: 10 km	Lauf über 5 Min.
Kajak–Damen	25 kg 45 Sek.	25 kg 45 Sek.	–	Schwimmen: 1000 m Laufen: 6 km	Lauf über 4 Min.

Tabelle 6: Test im Wintertraining

Sommertraining

Der Aufbau der Periodisierung orientiert sich an den Wettkampfhöhe-
punkten der Saison. Man geht bei der Planung des Sommertrainings
immer vom wichtigsten Wettkampf aus und rechnet zurück. Durch die
Wettkampffolge ergeben sich dann automatisch Makrozyklen, deren
Inhalte und Zielsetzungen das Trainingsprogramm bestimmen (*siehe
Abbildung 2, Seite 92*).
Das Sommertraining untergliedert sich in die letzte Phase der speziel-
len Etappe der *Vorbereitungs*periode, der *Wettkampf*periode und der
*Übergangs*periode. Die Perioden werden weiter in Makro- und Mikro-
zyklen unterteilt.

1. Die spezielle Etappe der Vorbereitungsperiode
Ziele dieser Etappe sind:
(1) die allgemeine Kondition aus der Winterarbeit zu erhalten,
(2) die Technik zu verbessern,
(3) eine Basiskondition im Boot zu schaffen.

Folgende Trainingsmittel werden eingesetzt:
● Das *Bootstraining* steht im Mittelpunkt des Trainings. Die Trainingsformen enthalten Wander- und Dauerfahrten bis zu 30 km sowie
Intervalltrainingsmethoden. Verbessert werden soll einmal die Technik durch ständige Korrektur und zum anderen die spezielle aerobe
Ausdauer.
● Bei *Dauerfahrten* werden in der Regel 15 bis 20 km zurückgelegt.
Die Intensität ist so hoch, daß eine Pulsfrequenz um 150 Schläge/Minu-
te erreicht wird. Bei diesen Fahrten ohne Pause festigt sich die Technik-
bewegung sehr stark. Der Dauerreiz verursacht physiologische Anpassungsvorgänge im Kreislaufsystem und in der speziellen Muskulatur.
● Beim *Fahrtspiel* werden unterschiedlich lange Strecken mit verschiedenen Intensitäten durchfahren. Diese Belastungsform führt zum erstenmal in den Bereich hoher Intensität hinein, indem Teilstrecken mit
maximaler Belastung gefahren werden.
Beispiel: 2000 m − Einfahren
          1000 m − 80 %
           250 m − 90 %
           500 m − 80 %
           250 m − 100 %
          1000 m − 80 % usw.
In den Bereich Fahrtspiel gehören auch die Rhythmusfahrten, bei
denen eine Strecke mit ständigem Tempowechsel durchfahren wird
und der Paddler gezwungen ist, sich ständig auf unterschiedliche

Schlagfrequenzen und Bootsgeschwindigkeiten einzustellen (kontrolliertes Fahrtspiel).

Beispiel: 2000 m durchfahren mit folgender Aufgabe

10 Schläge	–	20 Schläge	–	30 Schläge	–	20 Schläge	–	10 Schläge	usw.
80 %		90 %		100 %		90 %		80 %	

● Beim *Intervalltraining* kann die Dauer der Einzelbelastungen zwischen zehn und einer Minute betragen, wobei im Zeitraum März/April die Belastungen eher bei zehn Minuten liegen und sich erst gegen Ende der Etappe – mit der Vorbereitung auf die ersten Wettkämpfe – auf eine Minute verkürzen. Die Gesamtbelastungszeit liegt bei langen Intervallen etwa bei 25 bis 30 Minuten pro Trainingseinheit (dreimal zehn Minuten, Pause: 4 Minuten; fünfmal 5 Minuten, Pause: 3 Minuten) bei kurzen Intervallen etwa bei 10 bis 15 Minuten (fünfmal 3 Minuten, Pause: 2 Minuten; zehnmal 1 Minute, Pause: 1 Minute).

● *Streckenfahrten* werden nach Art der Wiederholungsmethode durchgeführt, also bei maximaler Belastungsintensität mit Pausen, die zur völligen Erholung führen. Anfangs beträgt die Streckenlänge 2000 m. Die Strecke wird später auf die Wettkampfdistanzen 1000 m oder 500 m verkürzt.

Beispiel: dreimal 2000 m Pause: 15 bis 20 Minuten
         dreimal 1500 m Pause: 15   Minuten
         dreimal 1000 m Pause: 10 bis 12 Minuten
         viermal 500 m Pause: 10   Minuten

Das Wassertraining reicht in der Regel nicht aus, um das Niveau der allgemeinen Kondition auf dem Stand des ausgehenden Wintertrainings zu halten. Vor allem die Kraftausdauer kann auf dem Wasser nicht genügend geschult werden. Je nach Intensität und Umfang der Wasserarbeit muß daher ein Zusatztraining an Land durchgeführt werden.

● Das *Hanteltraining* wird nach der Methode des Kraftausdauertrainings durchgeführt. Die Wiederholungszahl liegt bei zwanzig pro Übung. Nur die Übungen sollen Anwendung finden, die für den Kanurennsport eine spezielle Wirkung haben. Folgende Übungen können das sein:

– einarmiges Reißen
– Bankziehen
– Bankdrücken (Kajak)
– Aufrichten aus der Rückenlage
– Hochschwingen aus der Bauchlage

Da das Hanteltraining lediglich der Erhaltung des Kraftniveaus dient, bleiben die Belastungsmerkmale während der gesamten Etappe konstant.

• *Speziell kräftigende Übungen* sind Übungen, die vor allem die spezifische Muskulatur des Kanuten ansprechen und damit den Trainingseffekt der Bootsarbeit unterstützen. Zu diesen Übungen sind zu zählen:
– Arbeit am Zuggerät
– Klimmzüge und Liegestütz (im Wechsel durchgeführt)
– Partnerübungen (wechselseitiges Ziehen und Drücken)
Als Richtlinie für die Einzelbelastung kann gelten: am Zuggerät circa 10 Minuten Belastung (fünfmal 2 Minuten) oder circa 50 Klimmzüge/ 75 Liegestütz (in 10/15 Einheiten) oder etwa 10 Minuten Partnerübungen.
• Zur Erhaltung der allgemeinen Ausdauer wird *Laufarbeit* durchgeführt. Es können Dauerläufe um 30 Minuten oder Intervalläufe mit Einzelbelastungen von 30 bis 40 Sekunden (200 m) und einer Gesamtbelastungszeit von 4 bis 6 Minuten absolviert werden.

Beispiel für einen Trainingsplan:

Vierzehntagesplan Nr. I

Tag	Trainingsform	Trainingsaufgabe
Mo	Dauerfahrt	16 km gleichmäßiges Tempo; Zuggerät: 10 Min.
Di	Intervalltraining	16 km, 3 × 10 Min. Pause: 5 Min.; Intervallauf: 8 × 30 Sek.
Mi	Fahrtspiel	14 km, beliebige Reihenfolge 2 × { 1000 m / 750 m; Hanteltraining / 500 m }
Do	Intervalltraining	12 km, 1 × 2000 m, 5 × 2 Min. Pause: 2 Min.; Dauerlauf 30 Min.
Fr	Ruhetag	
Sa	Wanderfahrt	30 km, mit einer längeren Pause
So	Streckenfahrt	14 km, 2 × 1000 m, 2 × 500 m; Zuggerät: 12 Min.

Tag	Trainingsform	Trainingsaufgabe
Mo	Dauerfahrt	16 km gleichmäßiges Tempo; Intervallauf: 5 × 30 Sek.
Di	Intervalltraining	16 km, 1 × 2000 m, 2 × 2 Min., 6 × 1 Min., 2 × 2 Min., Klimmzüge/ Liegestütze
Mi	Fahrtspiel	14 km, beliebige Reihenfolge 4 × { 3 Min. / 2 Min.; Hanteltraining / 1 Min.
Do	Intervalltraining	18 km, 1 × 6…7…8…7…6 Min.; Dauerlauf 30 Min.
Fr	Ruhetag	
Sa	Wanderfahrt	30 km, mit einer längeren Pause
So	Streckenfahrt	14 km, 2 × 750 m, 2 × 500 m, 2 × 250 m; Klimmzüge/Liegestütze

2. Die Wettkampfperiode
Etwa Mitte Mai beginnen die ersten Wettkämpfe. Für die Trainingsgestaltung ist es am günstigsten, wenn die Wettkämpfe in Zwei- oder Dreiwochenzyklen stattfinden. Man geht vom Termin der wichtigsten Regatta aus und legt – zurückrechnend – die Termine der Aufbauwettkämpfe fest.
Ziel der Wettkampfperiode ist, den individuellen Leistungshöhepunkt zu erreichen. Durch den Wettkampfkalender und durch das Qualifikationssystem im Deutschen Kanu-Verband ist es erforderlich, zwei Leistungshöhepunkte innerhalb der Wettkampfperiode zu erreichen (zweigipflige Periodisierung). Der erste Höhepunkt liegt Ende Mai, der zweite Höhepunkt meist Juli/August, weil dann die Meisterschaften stattfinden. Dazwischen liegt eine Phase der Beruhigung mit Wettkämpfen, die Kontroll- und Überprüfungscharakter haben.
Folgende Trainingsmittel werden eingesetzt:

Im Mittelpunkt des *Bootstrainings* steht das Training nach der Intervallmethode, das von den Trainingsformen der Streckenarbeit, der Intervallarbeit und der Schnelligkeitsarbeit bestimmt wird. Dauerfahrten und Fahrtspiele werden als weniger intensive Trainingsformen zur Regeneration und Erholung eingesetzt.

● Bei der *Streckenarbeit* wird die Wettkampfstrecke (500 m, 1000 m) oder Teile der Wettkampfstrecke mehrmals nach Art des Intervalltrainings durchfahren.

Beispiel: fünfmal 500 m mit 2 Minuten Pause
    oder achtmal 250 m mit 1 Minute Pause

Die Intensität muß nicht ständig maximal sein, sondern kann durch Variation der Schlagfrequenz verändert werden. So kann man die Belastung als sukzessive Steigerung fahren oder durch stufenförmiges Steigern nach Schlägen die Fahrgeschwindigkeit variieren (zum Beispiel je 20 Schläge 80–90–100–90 Prozent usw.).

Ziele dieser Arbeit sind die Verbesserung der streckenspezifischen Ausdauer, die Gewöhnung an die Wettkampfstrecke und die Herausbildung des Tempogefühls. Durch Verlängerung der Pausen bis zur vollständigen Erholung wird nach Art des Wiederholungstrainings ein Zeit- und Kontrollfahren durchgeführt (alle 14 Tage).

● Bei der *Intervallarbeit* liegen die Einzelbelastungen zwischen 30 und 90 Sekunden. Die Gesamtbelastungszeit pro Trainingseinheit soll 15 Minuten nicht übersteigen. Die Pausenlänge richtet sich nach dem Erholungspuls (110 Schläge/Minute). Als Anhaltspunkt gilt: Pause gleich Belastungszeit.

Die Belastungszeit braucht nicht immer gleich sein. Man kann nach Art des Pyramidentrainings Formen mit ansteigender und sich verkürzender Reizdauer paddeln lassen.

Beispiel: 30 . . . 40 . . . 50 . . .60 . . . 50 . . . 30 Sekunden
    Pause: jeweils wie Belastungszeit

Durch die Intervallarbeit verbessert sich neben der Leistungsfähigkeit des Herzkreislaufsystems insbesondere die Ermüdungswiderstandsfähigkeit in der arbeitenden Muskulatur. Da durch übertriebene Intervallarbeit schnell ein übertrainierter Zustand erreicht werden kann, darf diese Trainingsform nicht allzu häufig angewendet werden (zweimal pro Woche).

● Zur *Schnelligkeitsarbeit* gehören die Sprint- und Startformen, die die Schnelligkeitsfähigkeiten wie Grundschnelligkeit, Startschnelligkeit und Beschleunigungsvermögen ansprechen. Sie dienen in erster Linie der Verbesserung der Startphase und der Entwicklung hoher Schlagfrequenzen.

Es werden Belastungen von 10 bis 30 Sekunden (auch 10 bis 30 Schläge) mit höchstmöglichem Krafteinsatz und maximaler Bewegungsintensität gefahren. Wegen der hohen Beanspruchung sind die Pausen zwei- bis dreimal so lang wie die Belastungszeit zu wählen. Zur Schnelligkeitsarbeit gehören auch die Startübungen, die in den letzten Tagen vor dem Wettkampf verstärkt durchgeführt werden. Geübt wird aus leichter Fahrt, aus dem Stand oder sogar aus der Rückwärtsfahrt. Wichtig ist, daß der Übergang aus den schnellen, kurzen Startschlägen zum längeren Streckenschlag immer mitgeübt wird.

● *Dauerfahrten* und *Fahrtspiele* dienen dem Ausgleich, der Beruhigung und Erholung. Sie werden methodisch durchgeführt, wie in der Vorbereitungsperiode beschrieben wurde. Die Belastungen im Fahrtspiel liegen nur selten bei 100 Prozent Intensität.

Das Zusatztraining an Land wird, was Lauf- und Hanteltraining betrifft, nur noch sporadisch durchgeführt, während die «speziell kräftigenden Übungen» genau wie in der Vorbereitungsperiode im Trainingsprogramm enthalten sind.

Beispiel für einen Trainingsplan:

Vierzehntagesplan Nr. II

Tag	Trainingsform	Trainingsaufgabe
Mo	Dauerfahrt	14 km gleichmäßiges Tempo; Zuggerät: 2 × 5 Min.
Di	Intervallarbeit	16 km, 1 × 2000 m, 3 × 30…40…50…30 Sek.; Dauerlauf: 30 Min.
Mi	Streckenarbeit	14 km, 3 × 1000 m, 3 × 750 m; Partnerübungen
Do	Intervallarbeit	12 km, 1 × 500 m, 4 × 1 ½ Min. 1 × 500 m, 4 × 1 ½ Min.
Fr	Ruhetag	
Sa	Dauerfahrt	14 km gleichmäßiges Tempo
So	Fahrtspiel	mit Belastungen 4 × { 10 Schläge / 20 Schläge; / 30 Schläge } Klimmzüge/Liegestütze

Tag	Trainingsform	Trainingsaufgabe
Mo	Schnelligkeitsarbeit	14 km, 1 × 2000 m, 6 Starts, 10 × 30 Schläge Steigerung
Di	Streckenarbeit	Zeitfahren 1 × 1000 m, 1 × 500 m; Zuggerät: 5 × 2 Min.
Mi	Intervallarbeit	12 km, 2 × (6 × 250 m)
Do	Schnelligkeitsarbeit	14 km, 1 × 2000 m, 6 Starts, 6 × 30 Sek., 6 × 20 Sek.
Fr	Ruhetag	
Sa	Wettkampf	
So	Wettkampf	

3. Die Übergangsperiode

Ende August wird das Sommertraining durch eine etwa vier Wochen
dauernde Übergangsperiode abgeschlossen. Aufgabe dieser Periode ist
die physische und psychische Regeneration. Das Trainingsprogramm
soll so gestaltet sein, daß einerseits die Erholung gewährleistet ist,
andererseits der konditionelle Zustand sich nicht zu sehr verschlech-
tert. Die Trainingsformen sollen Freude und Spaß bereiten, vielseitig
und interessant sein. Besonders geeignet sind: Schwimmen, Radfahren,
Wandern, Laufen, Spiele und Gymnastik.

Taktik

Im Kanurennsport wird zwischen Vorwettkampftaktik und Wettkampftaktik unterschieden. Zur *Vorwettkampftaktik* gehört das Zusammenstellen von Mannschaftsbooten, das Trimmen des Boots und
das Aufstellen der taktischen Konzeption für den Wettkampf. Die
Wettkampftaktik wird durch das Verhalten im Wettkampf bestimmt.
Am Ende steht die Auswertung des Wettkampfs und die Frage, wie sich
die taktische Konzeption bewährt hat.

Beim Zusammenstellen der Mannschaftsboote sollte derjenige Fahrer
am Schlag sitzen, der das beste Rhythmus- und Tempogefühl besitzt
und gute kämpferische Eigenschaften aufweist. Im Viererkajak ist es
wichtig, daß auf Platz zwei ein Fahrer sitzt, der den Schlag gut aufnehmen kann, damit der Rhythmus im Boot nicht gestört wird. Die Fahrer
mit der größten Wettkampferfahrung sollten auf Platz zwei oder vier
sitzen. Davon unabhängig ist darauf zu achten, daß durch die allmäh-
liche Verbreiterung des Boots der körperlich größte Fahrer auf vier
sitzt, weil er dort – durch seine Armlänge bedingt – die günstigste
Wasserarbeit leisten kann.
Im Zweiercanadier muß der bessere «Steuermann» hinten knien, weil
der hintere Fahrer die größere Steuerarbeit zu leisten hat.
Die Trimmlage des Boots muß bei flachem Wasser und bei Rückenwind verändert werden, im Einercanadier noch zusätzlich bei Seitenwind.
Bei flachem Wasser (bis 2 m Tiefe): nach vorn trimmen, da das Heck ins
    Wasser gezogen wird.
Bei Rückenwind: nach hinten trimmen, da der Bug des Boots in die
    Wellen eintaucht.
Bei Seitenwind (Einercanadier): nach vorn trimmen, wenn der Wind
    von der Schlagseite kommt; nach hinten trimmen, wenn der Wind
    von der dem Paddel abgewandten Seite kommt.

Das taktische Konzept beinhaltet alle Maßnahmen, die zum Wett-
kampferfolg führen sollen. Dazu gehört das psychologische Einstim-
men (realistische Leistungserwartungen erzeugen) ebenso wie die Ver-
wertung von Kenntnissen über die Leistungsstärke der Gegner oder
über die Wettkampfstrecke.
Im Wettkampf selbst sind folgende taktische Maßnahmen wichtig:
● Start – immer so schnell starten, daß man nicht hinter die Seitenwelle
des Gegners kommt. Nie den Start überziehen, sondern möglichst
schnell das Streckentempo zu erreichen versuchen.
● Strecke – möglichst ein gleichmäßiges Tempo fahren. Kurze Zwischenspurts vermeiden (zu hoher Kraftaufwand); lange Zwischenspurts sind effektiver.
● Endspurt – vorher genau festlegen, wann der Endspurt beginnen
soll. Im Endspurt die Schläge zählen.
Beim heutigen Leistungsniveau führt fast nur noch ein offensiv geführ-
tes Rennen zum Erfolg. Man muß vom Start weg durch eine optimale
Fahrweise den Erfolg suchen, ohne die Taktik des Gegners einzube-
ziehen.
Bei Langstreckenrennen, bei denen erst auf den letzten 1000 m die
5-m-Regel in Kraft tritt, lassen sich weit mehr taktische Maßnahmen

anwenden, etwa das Wellen- und Sogfahren, das Befahren von Wenden oder das Absetzen vom Gegner durch Zwischenspurts. Besonders wichtig ist, die Möglichkeiten auszunutzen, die durch die Wettkampfbestimmungen erlaubt oder offengelassen werden.

Nach dem Wettkampf wird ausgewertet: Wo wurde die taktische Konzeption nicht eingehalten? Hat man die eigene Leistung überschätzt, die des Gegners unterschätzt? – Durch Zeitvergleiche der Rennen untereinander lassen sich Rückschlüsse auf stark oder schwach besetzte Rennen ziehen, für die man bei der nächsten Regatta melden kann. Hat man die Starthäufigkeit verkraftet, oder sollte man künftig weniger Rennen fahren? – Durch die Analyse wird gleichzeitig die Grundlage für den Kampfplan des nächsten Wettkampfs erarbeitet.

Karel Knap

Kanuslalom
und Wildwasserrennsport

Der *Kanuslalom* ist ein Wettkampf, in dem es gilt, eine durch Tore
vorgeschriebene Wildwasserstrecke in kürzester Zeit fehlerfrei zu
durchfahren.

«Das Ziel eines *Wildwasser-Wettkampfes* ist es, die Kontrolle eines
Wettkämpfers über sein Boot in wildbewegtem und fließendem Wasser
zu zeigen, auf einer vorgeschriebenen Strecke und in der kürzesten Zeit
zu fahren» (Wettkampfbestimmungen des ICF für Kanuslalom und
Wildwasser).

Die Wildwasserdisziplinen – Wildwasserrennsport und Kanuslalom –
sind also in ihrem Inhalt und ihrer Trainingssubstanz verwandt. Sie
stellen fast die gleichen Anforderungen an die konditionellen Fähigkeiten (Kraft, Schnelligkeit, Ausdauer). Auch die Zielsetzung, Gestaltung
und Periodisierung des Trainings sind in beiden Disziplinen ähnlich.

Trainingsgrundsätze

Der *Jahreszyklus* wird in die Vorbereitungs-, Haupt- und Übergangsperiode eingeteilt, diese dann weiter in die Etappen Makro- und Mikrozyklen. Die Einteilung wird von mehreren Faktoren beeinflußt
(Klima, örtliche Bedingungen, internationaler und nationaler Termin-
kalender usw.). Im allgemeinen dauert die *Vorbereitungsperiode* in den
Wildwasserdisziplinen von Ende Oktober bis März; die *Wettkampfperiode* erstreckt sich von April bis September. Oktober ist die Zeit der
aktiven Ruhe, die *Übergangsperiode.*

Die Grundsätze des Trainings der konditionellen Fähigkeiten bzw. der komplexen konditionellen Fähigkeiten kann man folgendermaßen zusammenfassen:

● Die *Ausdauer* wird durch die Tätigkeiten gefördert, die das kardiopulmonale System in einem der Zielsetzung entsprechenden Tempo über eine längere Zeit beanspruchen.

Für das *Ausdauertraining* eignen sich besonders Langlauf oder Geländelauf, Radfahren, Skilanglauf, Schwimmen und selbstverständlich auch Paddeln. Als Faustregel für die Festlegung einer Trainingsstrecke gilt die Entfernung, die man bei individuellem Tempo mit einer Herzfrequenz von circa 150 Schläge/Minute in etwa 60 Minuten bewältigen kann. Angaben in Metern und Kilometern können täuschen, weil die anthropometrischen Unterschiede der Kanusportler wie Gewicht, Körpergröße und Körperbau beträchtlich sind. Ein Vergleich der Ergebnisse mit anderen Sportlern ist daher wenig sinnvoll. Alter, Geschlecht und Trainingszustand beeinflussen das individuelle Ergebnis und sind insofern zu berücksichtigen. – Die Ausdauerarbeit sollte während des ganzen Jahres täglicher Bestandteil des Trainings bleiben.

● Beim *Krafttraining* des Wildwassersportlers sind folgende Regeln zu beachten:

Der große Belastungsumfang, nämlich eine zwei- bis vierfache Belastungszeit im Vergleich zur Wettkampfstrecke bei 60 bis 40 Prozent der maximalen Kraftfähigkeit, ist Grundsatz der *Kraftausdauerentwicklung*.

Vier bis sechs Übungsserien mit sechs bis zehn Wiederholungen bei 75 Prozent der maximalen Kraftfähigkeit mit der anschließenden optimalen Wiederherstellung entwickeln die *Schnellkraft*. Bei gut ausgebildeter Maximalkraft wird mit 50 bis 30 Prozent der maximalen Kraftfähigkeit, jedoch mit der maximalen Bewegungsgeschwindigkeit gearbeitet.

Zum Krafttraining in der Breitenarbeit der Vereine werden vorwiegend sogenannte Zirkel benutzt. Darunter versteht man eine Reihenfolge von Übungen, die unter bestimmten Aspekten zur Erfüllung eines festgelegten Ziels zusammengestellt werden. Beim Aufbau dieser Zirkel ist folgendes zu beachten:

Die einzelnen Muskelgruppen sollen wechselweise in Anspruch genommen werden. Dies kann sowohl durch den Wechsel der Zirkelgeräte (Hanteln, Turngerät, Hantelmaschinen und Zugapparate usw.) als auch durch die Änderung der Übungsaufgaben erreicht werden (Hang, Stütz, Druck, Zug). Die Gerätezirkel sind vielseitig und abwechslungsreich; die Ergebnisse des Hanteltrainings sind präziser auszuwerten. Die kanuspezifischen Muskeln oder Muskelgruppen (Schultergürtel,

Arm-, Rücken- und Bauchmuskulatur) stehen im Mittelpunkt des Interesses. Dabei kann man dem Charakter des Wildwassersports etwa durch variable Tempogestaltung und den Einbau akrobatischer Elemente gerecht werden.

● Beim *Schnelligkeitstraining* wird vor allem das zentrale Nervensystem beansprucht. Unter Berücksichtigung dieser Tatsache kann eine weitere Regel aufgestellt werden: Schnelligkeit wird dann entwickelt, wenn zwischen den einzelnen Arbeitsphasen (Laufen, Schwimmen, Paddeln, Gewichtheben) mit hoher Intensität (vorwiegend Geschwindigkeit) eine Pause eingeschaltet wird, die dem Organismus, vor allem aber dem Nervensystem zu einer entsprechenden Erholung verhilft. Diese Regel kann auch für die im Kanu üblichen Trainingsformen wie Hügelläufe, Steigerungsfahrten und ähnliches übertragen werden.

● Die Förderung von *Wendigkeit, Gewandtheit,* Geschicklichkeit, Gelenkigkeit, Gleichgewichtsvermögen usw. steht bei der Trainingszielsetzung oft unberechtigt im Hintergrund der Überlegung. Bei Wildwasserrennen und im Kanuslalom kommt es zu ständig neuen Situationen und wechselnden Aufgaben, die rasch und situationsgemäß bewältigt werden müssen. Bewegungskoordination, Bewegungsintelligenz, Aktions- und Reaktionsvermögen sowie kreatives Denken werden verlangt. Obwohl diese Fähigkeiten größtenteils angeboren sind, lassen sie sich bis zu einem gewissen Grad trainieren. Sie werden zum Beispiel durch Boden- und Geräteturnen oder durch Skialpin, vor allem jedoch durch Sportspiele entwickelt. Im Vordergrund stehen hierbei jene Sportspiele, die eine schnelle Entscheidung verlangen und bei denen einfallsreich auf eine unvorhergesehene Situation reagiert werden muß, wie beim Basketball, Eis- und Hallenhockey. Dabei ist auf eine regelgemäße Durchführung dieser Spiele zu achten.

● Die *Gymnastik,* mit und ohne Gerät (Medizinball, Sprossenwand, Langbank) fördert die allgemeine Körperentwicklung. Ihre besonderen Übungsformen helfen bei der Beseitigung spezifischer Fehler der Körperhaltung. Ein breites Register von gymnastischen Übungen mit der genauen Kenntnis von Sinn, Zweck und Wirkung (Dehnung, Lockerung, Zweckgymnastik, kompensatorische Gymnastik usw.) sollte sich jeder Aktive aneignen.

Die Intensivierung des Trainings wird sowohl im allgemeinen (Wintertraining) als auch im spezifischen Bereich (Bootstraining) vor allem durch folgende Trainingsmethoden erreicht:

Dauermethode
Wiederholungsmethode
Intervallmethode

● Die *Dauermethode* ist durch die ununterbrochene Belastungsdauer mit mittlerer Intensität über mehrere Minuten (circa 30 Minuten, aber auch darüber) gekennzeichnet. Ihr werden auch die kontinuierliche Methode, die Wechselmethode und das Fartlek zugeordnet. Bei der *kontinuierlichen Methode* arbeitet man mit der gleichbleibenden Geschwindigkeit. Bei der *Wechselmethode* wird die Geschwindigkeit planmäßig verändert; der Organismus geht kurzzeitig eine Sauerstoffschuld ein. Unter der *Fartlek-Methode* versteht man die Form der Trainingsarbeit, bei der der Aktive die Länge der Arbeits- und Erholungsphase, aber auch die Art und Weise deren Gestaltung nach Belieben variiert.

● Das Merkmal der *Wiederholungsmethode* ist die vollständige oder fast vollständige Wiederherstellung (Erholung durch Pausen zwischen einer Serie von Übungen). Je nach Zielsetzung werden die Belastungen (Belastungsdichte, Belastungsumfang, Belastungsdauer und Belastungsintensität) festgelegt und variiert.

● Die *Intervallmethode* wird durch den systematischen Wechsel von Belastungs- und Erholungsphasen bei einer unvollständigen Wiederherstellung gekennzeichnet. Die Meinung, die Intervallmethode sei nur zur Entwicklung der Ausdauer geeignet, gilt inzwischen als überholt.

Im Training von Wildwasserrennsport und Kanuslalom bestehen folgende Unterschiede: Der Schwerpunkt der Trainingstätigkeit des Wildwassersportlers liegt im Ausdauerbereich; für den Slalomfahrer hingegen ist das Verbinden von Ausdauer mit Kraft und Schnelligkeit vorrangig.

Aufwärmen vor dem Start

Ein Aufwärmprogramm ist für den Wettkämpfer und Trainierenden notwendig, um den Organismus zu einer optimalen Leistungsbereitschaft zu bringen. Das Verletzungsrisiko wird zudem entscheidend verringert. Für eine maximale Leistung muß die Muskulatur gut durchblutet sein. Dies wird erst bei voller Belastung erreicht. Die Umstellung des Körpers auf Arbeit braucht Zeit und muß mit steigender Belastung bei kleinen Erholungspausen vor sich gehen. Dem einleitenden Warmlaufen folgt eine Gymnastik, bei der die beim Paddeln beanspruchte Muskulatur durchgearbeitet wird. Dieser Teil des Aufwärmens ist dann besonders wichtig, wenn keine Möglichkeit besteht, sich auf dem Wasser einzufahren.

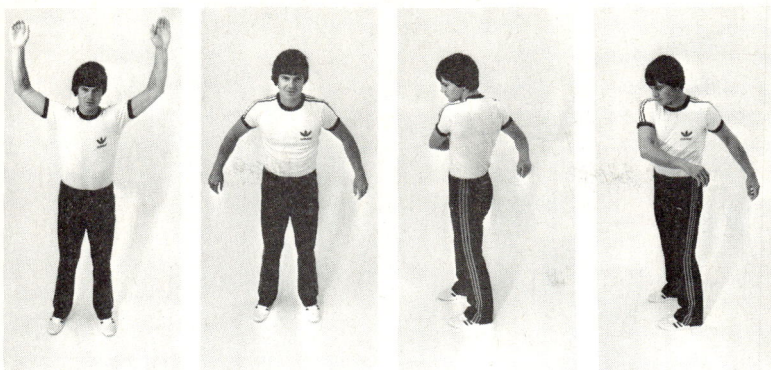

Armkreisen vorwärts   Arme ‹flattern› lassen

Armkreisen vor dem Körper

Wechselseitiges Schwingen der
Arme in den Nacken

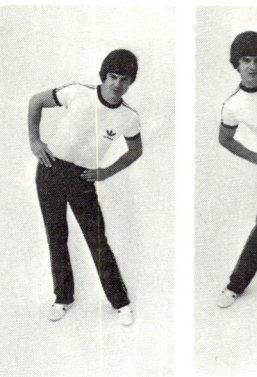

Schwingen der Arme
mit nach oben gedrehten
Handflächen

Rumpfkreisen

Vorbeuge – Fingerspitzen berühren den Boden (Beine gestreckt
halten)

Wechselseitiges   Berühren   der
Fußspitzen mit den Händen in der
Vorbeuge

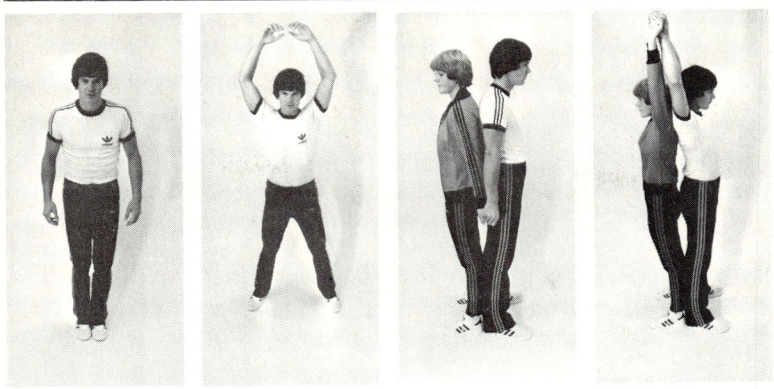

‹Hampelmann›   Seitliches Hochschwingen der
                                Arme

‹Paddeln› – wechselseitiger Druck   Handhalte – Wippen des Partners
und Zug der Arme   in der Vorbeuge

Bootstraining

● *Dauerfahrten* (vgl. hierzu Dauermethode und kontinuierliche Methode)
Bei der Fahrt auf ruhigem Gewässer oder auf einem See legt man besonderen Wert auf saubere Technik und Automatisierung des Bewegungsablaufs. Die Belastungsdauer liegt bei circa 60 Minuten; der Pulsschlag sollte 150 bis 160 Schläge/Minute betragen. Diese Methode ist bei Slalom und Wildwasserrennsport über das ganze Jahr anwendbar; jedoch wird sie vorwiegend in der Vorbereitungs- und am Anfang der Wettkampfperiode benutzt. Es kann vorteilhaft sein, Dauerfahrten mit Steigerungen bis zu 90 Prozent der Maximalgeschwindigkeit zu verbinden.

● *Steigerungsfahrten*
Die Fahrtgeschwindigkeit wird vom Grundniveau stufenlos zum individuellen bzw. vorgesehenen Maximum gesteigert. Die Steigerungsfahrten helfen, die saubere Technik auch bei hohen Geschwindigkeiten beizubehalten. Mit Erfolg werden sie zur Überwindung der Schnelligkeitsbarriere (auch Geschwindigkeitsbarriere) benutzt. Empfehlenswert ist ihre Verbindung mit der Fartlek-Methode. Steigerungsfahrten nach den Prinzipien der Wiederholungsmethode tragen zur Verbesserung der Schnelligkeitsausdauer bei. Beim Auftreten von Bewegungsverkrampfungen ist die Steigerung zu unterbrechen. Anwendbar ist diese Form über das ganze Jahr, vor allem jedoch am Anfang der Wettkampfperiode.

● *120 bis 150 Fahrten* (vgl. Dauermethode)
Diese Form ist nur für den Slalom anwendbar. Es handelt sich hierbei um die wiederholte Fahrt auf einer dem Leistungsniveau angemessenen Strecke von 10 bis 30 Toren bei einer Belastungszeit von 10 bis 20 Minuten in regelmäßigem Tempo. Die Strecke sollte ohne Berührung absolviert werden. Die Zahlen 120 bis 150 geben die angestrebten Grenzwerte der Herzschlagfrequenz an, wodurch die mittlere Intensität gekennzeichnet wird.

● *Fartlek*
Die Anwendung des Fartlek ist durch die Eigenart unseres Sports und durch den Charakter der Strecke bestimmt: Man wechselt die Fahrtgeschwindigkeit und variiert die Pausen und ihren Inhalt. Von der vollen Freiheit der Gestaltung kann man auch zur Aufstellung kleiner improvisierter Aufgaben übergehen: «Schnell bis zum nächsten Wehr»; «Die Touristengruppe überholen, bevor sie die verblockte Stelle erreicht» usw.

Beim Slalom können folgende Formen zur Fartlek-Methode gerechnet werden:

1. Der Fahrer durchfährt die Strecke (10 bis 30 Tore) in einem von ihm selbst geänderten und gewechselten Tempo.
2. Wie (1); das Tempo wird in den vom Fahrer festgelegten Toren oder Abschnitten nach seinem Belieben gesteigert.
3. Wie (1); in den vom Trainer festgelegten Toren oder Abschnitten wird die Intensität bis zu 100 Prozent gesteigert («bedingter Fartlek»).

Die Gestaltung der Pausen, der Intensität und der Komponenten der Belastung (Belastungsdauer, -dichte, -umfang) dieser Fartlek-Variationen deuten den Übergang zur Wiederholungs- bzw. Intervallmethode an.

● *«Und-jetzt»-Methode* (vgl. Wiederholungsmethode)

1. Auf einer festgelegten Strecke reagiert der Fahrer auf ein Zeichen des Trainers mit Erhöhung der Schlagfrequenz (zwei bis drei Schläge mit 100 Prozent Intensität)
2. Wie (1); bei der Anfahrt auf bestimmte Tore werden zwei bis drei intensive Schläge (100 Prozent Intensität) eingesetzt.
3. Wie (1); die zwei bis drei intensiven Schläge (100 Prozent Intensität) werden für die Durchfahrt bestimmter Tore eingesetzt.

Schlagtechniken

Im folgenden werden einige Begriffe erläutert, die zum Verständnis der weiteren Kapitel notwendig sind:

der Bug der vordere Teil des Boots

das Heck der hintere Teil des Boots

das Deck oder Oberschiff der obere Teil des Boots

der Boden oder Unterschiff der untere Teil des Boots

die Bootskante die Stelle (Linie), an der Boden und Deck miteinander verbunden sind

die Längsachse des Boots die (gedachte) Gerade vom Bug zum Heck

die Querachse des Boots die (gedachte) Gerade, die quer, also im rechten Winkel zur Bootslängsachse, verläuft und den idealen Schwerpunkt des Boots durchschneidet

der Schwerpunkt des Boots im Prinzip eine ideale Stelle im Boot, die von den verschiedenen Bootsarten und Bootstypen abhängt. Auf die Bootsmitte bezogen, liegt der Schwerpunkt meist dem Heck näher als dem Bug.

das Paddel es besteht aus Schaft und Blatt bzw. zwei Blättern. Im Canadier wird das Stechpaddel, im Kajak das Doppelpaddel benutzt. Beim Kajak ist die Schaufelform des Blatts üblich; das Canadierpaddel ist vorwiegend, aber nicht ausschließlich flach und gerade. Die Blätter des Kajakpaddels stehen um 90 Grad gedreht zueinander. Das Stechpaddel hat nur ein Blatt. Der Griff auf der entgegengesetzten Seite des Schafts dient zum Halten des Paddels.

Die *Beschreibung der einzelnen Paddelschläge* bzw. Blattpositionen geht aus von der Stellung des Blatts, das sich in der Ausgangsposition zum Grundschlag vorwärts befindet. Als *Vorderseite* wird die Seite des Blatts bezeichnet, die in der oben erwähnten Position nach vorn, das heißt zum Bug, gerichtet ist. Entsprechend wird die andere Seite des Blatts *Schlagseite* genannt.
Von Bedeutung bei der Beschreibung der einzelnen Schläge ist die Bezeichnung der Kanten des Paddelblatts. Die *Innenkante* zielt beim Einsatz zum Vorwärtsgrundschlag nach innen, das heißt, sie ist nahe am Boot. Die *Außenkante* ist die vom Boot abgewandte Kante. Die dritte und kürzeste Kante des Blatts wird *Schlagkante* genannt. Beim Vorwärtsgrundschlag kommt sie als erste mit dem Wasser in Berührung. Da sie am meisten beansprucht wird, ist sie auf verschiedene Weise verstärkt (Kunststoff, Metall).
Die Bezeichnungen der Flächen und Kanten sollte man sich gut einprägen. Denn bei den verschiedenen Schlägen, Schlagvariationen und -kombinationen verändert sich die Stellung der Paddelflächen und -kanten zum Boot. Die Innenkante zielt nämlich nicht immer nach innen, und die Schlagfläche muß nicht immer zum Heck gerichtet werden.
Die Verbindungsachse von dem Mittelpunkt der Blätter (Kajak) bzw. des Mittelpunkts des Stechblatts mit dem Mittelpunkt des Griffs (Canadier) wird *Längsachse* oder kurz *Achse des Paddels* genannt. Für die Abschnitte des Paddels werden die Bezeichnungen *Blattachse* bzw. *Schaftachse* verwendet.
Auch der *Griff des Paddels*, das heißt die Lage der Hand am Schaft, muß beachtet werden. Im Prinzip geht man davon aus, daß der Griff nicht gewechselt wird; Ausnahmen werden hervorgehoben.
Zur Orientierung werden die verschiedenen Angaben in Grad, Zentimeter usw. gegeben. Sie lassen eine entsprechende Toleranz nicht nur zu, sondern verlangen sie sogar.

Die übliche Bezeichnung links und rechts kann bei den Schlägen nicht übernommen werden, da die Beschreibung für beide Seiten zutreffen muß. Um die gegenseitige Lage Boot-Arm-Paddel zum Ausdruck zu

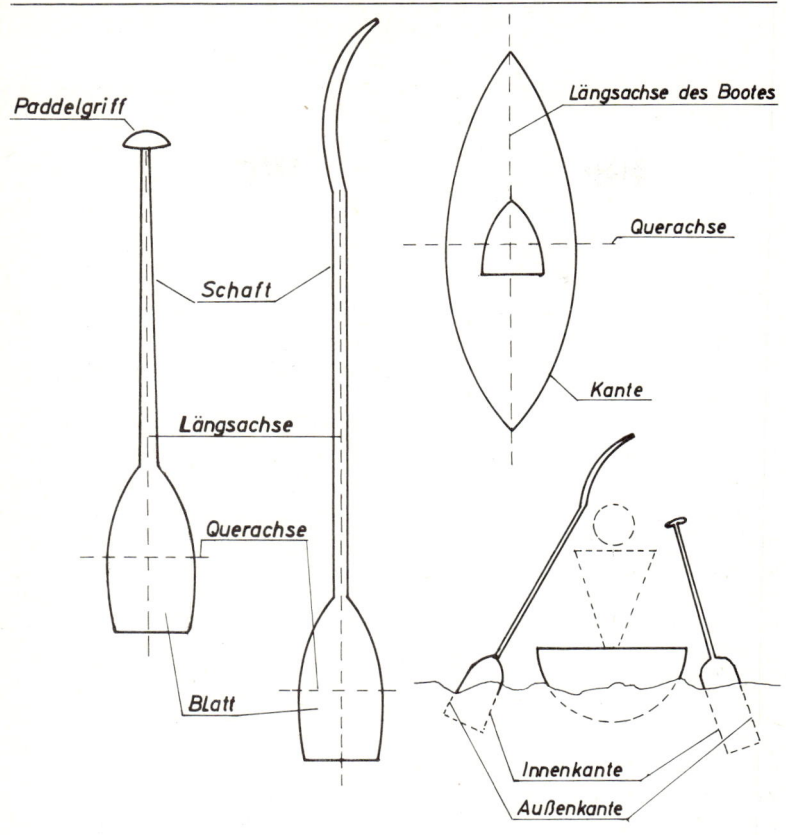

Paddelgriff
Schaft
Längsachse
Querachse
Blatt

Längsachse des Bootes
Querachse
Kante

Innenkante
Außenkante

bringen, werden die Begriffe *Arbeitshand (-ellbogen, -arm, -seite)* und *Gegenhand (-ellbogen, -arm, -seite)* benutzt. Der Begriff arbeitsseitig wird für die Seite verwendet, auf der mit dem Blatt beim Grundschlag vorwärts im Wasser gearbeitet wird.

Die Kajak- und Canadiertechniken (Schläge) unterliegen den gleichen biomechanischen Prinzipien und werden insofern gemeinsam beschrieben; Abweichungen und Ausnahmen werden immer erwähnt.
Die Beschreibung der einzelnen Schläge ist nach methodischen Gesichtspunkten geordnet. Es wird empfohlen, nicht mit den Grundschlägen anzufangen, sondern mit den Bogenschlägen: Beherrscht der An-

fänger erst einmal die Grobform der Bogenschläge, kann er jederzeit die Richtung des Boots korrigieren (zum Beispiel sicher an Land gelangen). Ferner fördert die Übung und Beherrschung dieser Schläge die Entwicklung des Gleichgewichtsgefühls.

Bogenschläge

Bogenschlag vorwärts

Ausgangsposition

Das Blatt wird vor dem Körper nahe am Boot eingesetzt und steht im rechten Winkel zur Wasserfläche. Der Arbeitsarm ist leicht angewinkelt, die Gegenhand in Brusthöhe nahe der Schulter. Durch diese gegenseitige Position der Hände wird zwangsläufig die Lage des Schafts festgelegt. Dieser steht in einem spitzen Winkel zur Wasserfläche (*Foto 1 und 2*).

Bewegungsablauf

Das Blatt wird im Bogen vom Bug zum Heck geführt. Sowohl der Winkel des Arbeitsellbogens als auch der Winkel Schaft–Wasserfläche ändern sich kaum. Der Druck der Gegenhand wird vor allem durch die Drehung des Körpers verursacht. In der Endphase eines voll durchgeführten Vorwärtsbogenschlags geht die Gegenhand auf der Arbeitsseite über die Bootskante hinaus.

Die Wirkung des Bogenschlags vorwärts ist: Drehung des Bugs zur Gegenseite.

Bogenschlag rückwärts

Ausgangsposition

Das Blatt wird hinter dem Körper nahe am Boot eingesetzt; seine Vorderseite nimmt einen spitzen Winkel zur Wasserfläche ein. Unter- und Oberarm auf der Arbeitsseite bilden einen rechten Winkel. Die Gegenhand befindet sich beim Einsatz des Blatts etwas über der Bootskante auf der Arbeitsseite. Der Oberkörper ist zur Arbeitsseite hin gedreht (*Foto 3*).

Bewegungsablauf

Die Arbeitshand führt das Blatt vom Heck bis fast zum Bug in einem weiten Bogen. Der Unterarm des Arbeitsarms steht fast senkrecht zur Wasserfläche. Er übt nicht nur den Druck von hinten nach vorn, sondern auch von oben nach unten aus. Dadurch gewährleistet er sowohl die Drehung als auch die Stabilität des Boots. Der rechte Winkel im Ellbogen des Arbeitsarms ändert sich kaum.

Die Wirkung des Bogenschlags rückwärts ist: Drehung des Bugs zur Arbeitsseite mit einer Stabilisierung des Boots.

1

2

3

Die Anfangsphase des Bogenschlags rückwärts – zum Beispiel in einem unsicheren Abschnitt des Flusses oder beim Ausschwingen in die Strömung angewandt – wird häufig als *Paddelstütze* bezeichnet (*Foto 4*).

Zu beachten ist: Der KI-Fahrer und der CI-Fahrer nutzen nur die ersten zwei Drittel des Bogens zur Drehung des Boots aus. Der Hintermann im CII hört mit der Bewegung des Paddels in Höhe des Körpers auf; der Vordermann arbeitet im mittleren Drittel des Bogens. Wie weit der Fahrer das Blatt führt oder in welchem Bereich des Bogens er arbeitet, hängt von der beabsichtigten Wirkung und der Situation ab. Allgemein kann man sagen, daß der effektivste Teil des Schlags der Anfang des Bogens ist, das heißt hinter dem Körper liegt.

Die Kombination des Vorwärts- und Rückwärtsbogenschlags beschleunigt die Drehung des Boots. Der KI-Fahrer erreicht diese Beschleunigung durch den wechselseitigen Einsatz der beiden Blätter in verschiedenen Richtungen (Vorwärtsbogenschlag auf der rechten und Rückwärtsbogenschlag auf der linken Seite).

4

Die beiden CII-Fahrer kommen zu dem gewünschten Ergebnis, indem sie die gegengerichteten Schläge gleichzeitig ausführen. Die Möglichkeiten des CI-Fahrers werden auf Seite 157f erläutert (*Fotos 5 bis 7*).

5   6

7

Grundschläge

Grundschlag vorwärts im Einerkajak

Ausgangsposition

Von der Seite gesehen bildet der Schaft einen Winkel von circa 60 bis 75 Grad zur Wasserfläche, von vorn gesehen einen Winkel von 75 Grad. Der Arbeitsarm ist gestreckt oder leicht angewinkelt. Die Gegenhand ist in Stirnhöhe nah an der Schulter zum Druck vorbereitet: der Ellbogen befindet sich ungefähr in Schulterhöhe. Das Blatt ist nah an der Bootskante. Der Oberkörper befindet sich in einer leichten Vorlage (circa 5 Grad); der Kopf darf nicht abgesenkt werden (*Foto 1 und 2*).

Bewegungsablauf

Der Bewegungsablauf des Grundschlags vorwärts setzt sich aus einer Druck- (= Gegenhand) und Zugphase (= Arbeitshand) zusammen, die gleichzeitig ablaufen.

Die Zugphase

Das Blatt wird an der Bootskante entlang geradlinig bis ungefähr zur Körperebene gezogen. Das Auftauchen hinter dem Körper erfolgt ohne Krafteinsatz.

Die Druckphase

Die von der Gegenhand verfolgte Bahn ist mit einer ballistischen Kurve zu vergleichen: der Anstieg bis zum höchsten Punkt ist flach und lang, der Abfall kürzer und steiler. Der Arm wird bis zur vollen Streckung gebracht, wobei darauf zu achten ist, daß die Gegenhand nicht die Bootslängsachse überquert. Das Handgelenk muß gestreckt bleiben (der Handrücken bildet die Verlängerung des Unterarms). Um einer Verkrampfung der Unterarmmuskulatur entgegenzuwirken, ist es empfehlenswert, in der Endphase die Hand zu öffnen und die Finger kurz zu strecken.

Die beiden Phasen werden durch den kraftvollen Einsatz des Oberkörpers eingeleitet (‹Anriß›), wobei die Wirbelsäule die Drehachse bildet. Jedes Wippen nach vorn oder Abknicken zur Seite ist falsch.

1   2

Nach dem Abschluß beider Phasen übernimmt die Gegenhand die Aufgabe der Arbeitshand und umgekehrt. Dieser Wechsel erfolgt so schnell wie möglich und wird durch eine Drehung des Schafts aus dem Handgelenk eingeleitet (*Foto 3*).

3

![Foto 3]

Grundschlag vorwärts im Canadier

Ausgangsposition

Von der Seite gesehen nimmt die Längsachse des Paddels einen Winkel von 60 bis 75 Grad zur Wasseroberfläche ein. Der Arbeitsarm ist beim Wildwasserrennsport gestreckt, beim Slalom leicht angewinkelt. Der Körper ist leicht vorgebeugt und mit dem Rücken zur Arbeitsseite gedreht, das heißt, die Arbeitsschulter zeigt zum Bug. Die Gegenhand ist oberhalb des Kopfs vor der Körperebene. Von vorn gesehen steht der Schaft – die Längsachse des Paddels – senkrecht zur Wasserfläche. Diese Lage wird durch die leichte Beugung des Gegenarms im Ellbogen ermöglicht (*Foto 4 und 5*).

Bewegungsablauf

Das Paddel wird am Boot (an der Kante vorbei) bis zur Körperebene gezogen. Diese Ziehphase wird durch das Strecken des Körpers einge-leitet. Gleichzeitig setzen der Zug des Arbeitsarms, die Drehung des Oberkörpers und der Druck der Gegenhand ein. Die Tätigkeit des Arbeitsarms und des Oberkörpers ist von entscheidender Bedeutung. Der Arbeitsweg der Gegenhand ist verhältnismäßig kurz; sie hat mehr die Aufgabe eines Stützpunkts (im Gegensatz zum Kajakgrundschlag vorwärts). Das Paddel wird hinter dem Körper aus dem Wasser genom-men (*Foto 6 und 7*).

Das Nachvornbringen des Blatts in die Ausgangsposition wird durch die Form des Boots, die Höhe des Sitzes, die Größe des Paddlers und die Länge des Paddels beeinflußt. Im allgemeinen kann man sagen, daß der Wildwasserrennsportler in der Lage ist, den Schaft steiler zur Wasserfläche nach vorn zu bringen als der Slalomfahrer. Dieses Nach-vornbringen des Blatts in die Ausgangsposition mit der Kante nach vorn soll angestrebt werden. Bei der ‹flachen› Art ist es die äußere Kante, bei der ‹steilen› ist es die innere Kante.

Häufige Fehler

1. Der Schaft, von vorn gesehen, wird im spitzen Winkel zur Wasserflä-che eingesetzt und im spitzen Winkel am Boot entlanggeführt.
2. Der Gegenarm ist gestreckt beim Einsatz.
3. Der Gegenarm übt übermäßigen Druck aus.
4. Der Oberkörper wird nach dem Eintauchen des Blatts nach vorn gebeugt.
5. Das Blatt wird zum neuen Einsatz statt mit der Paddelkante mit der Paddelfläche in die Ausgangsposition geführt.

Richtungskorrekturen

Im Gegensatz zu den Kanurennbooten werden die Slalom- und Wild-wasserrennboote nicht mit Hilfe eines Steuers auf Kurs gehalten. Im

4

5

6

7

Prinzip bestehen drei Möglichkeiten zur Durchführung der Richtungskorrekturen bzw. zum Einhalten der Richtung des Boots:

1. Verstärktes, mehrmaliges Paddeln auf nur einer Seite des Boots
   (dadurch wird das Boot zur Gegenseite gedreht).
2. Die Bogenschläge: Der Bogenschlag vorwärts intensiviert die Wirkung des Paddelns auf einer Seite, dreht also auch das Boot zu der
   Gegenseite. Der Bogenschlag rückwärts verursacht die Drehung des
   Boots zur Arbeitsseite. Da er gleichzeitig die Geschwindigkeit des
   Boots vermindert, soll seine Benutzung auf ein Minimum beschränkt
   und als Notlösung betrachtet werden.
3. Das Kanten des Boots: Das Boot tendiert zur Gegenseite der An-
   kantung (Beispiel: das zur rechten Seite angekantete Boot tendiert
   nach links). – Als *Kanten* wird die Neigung des Boots zur Seite um
   seine Längsachse bezeichnet.

Man unterscheidet – aufgrund der verschiedenen Auswirkungen –
zwischen funktionellem und dem Sicherheitskanten:

Das Sicherheitskanten (auch *Ankanten* genannt) wird zur Stabilisierung der Bootslage benutzt. Beim Ausschwingen aus dem Kehrwasser
zum Beispiel hält man das Unterschiff gegen die Strömung; bei der
Durchfahrt eines unruhigen Flußabschnitts wird die Paddelstütze mit
dem ‹Kanten› des Bootsdecks zur Arbeitsseite benutzt (*Foto 8 und 9*).

Das funktionelle Kanten (*Wegkanten*) hilft bei der Lösung einer bestimmten Aufgabe: das ‹Wegkanten› zum Beispiel bei der Anfahrt zu
einem Aufwärtstor verhindert die Überspülung des Oberdecks, so daß
der Geschwindigkeitsverlust reduziert wird.

Die C-Boote werden mit einem Paddel von einer Seite beherrscht. Aus
diesem Grund tendiert das Boot zur gegenüberliegenden Seite. Auch
beim CII, wo beide Partner an verschiedenen Seiten paddeln, tendiert
zwangsläufig das Boot zu der Seite des Vordermanns, da der Hintermann den längeren Hebel beherrscht.

Zur Lösung dieses Problems, nämlich zur Beibehaltung der geradlini-
gen Fahrt, werden zusätzliche Steuerschläge benutzt: der sogenannte
Slalomsteuerschlag und der Wildwassersteuerschlag, auch mit J-Schlag
bezeichnet.

Slalomsteuerschlag im Canadier

In der letzten Phase des Grundschlags vorwärts wird das Blatt mit der
Schlagfläche zum Boot gedreht und der Schaft an der Bootskante
abgestützt. Indem der Paddelgriff mit der Gegenhand zur Längsachse
des Boots gezogen und damit das Blatt nach außen gedrückt wird,
führen wir die gewünschten Korrekturen durch. Vor allem die Gegenhand ist dabei aktiv (*Foto 10, Seite 140*).

8

9

Wildwassersteuerschlag im Canadier (J-Schlag)
In der letzten Phase des Grundschlags vorwärts dreht sich die Vorderseite des Blatts zum Boot. Der Schaft bleibt an der Bootskante. Aus
dieser Position wird das Blatt vom Boot weggeführt und das Wasser
‹weggeschaufelt›: Der Arbeitsweg des Blatts wird ‹J›-förmig. Dabei ist
vor allem die Arbeitshand aktiv (*Foto 11, Seite 140*).

Der ‹Slalomsteuerschlag› ist technisch weniger anspruchsvoll, jedoch
wirksamer. Der Vorteil des ‹Wildwassersteuerschlags› besteht darin,

10   11

daß der Schlagrhythmus ohne Bewegungsunterbrechung beibehalten werden kann.

Im CII gehen die Richtungskorrekturen vorwiegend vom Hintermann aus.

Grundschlag rückwärts
Ausgangsposition
Das Blatt wird mit der Vorderseite nach vorn hinter dem Körper eingesetzt; es steht im rechten Winkel zur Längsachse des Boots. Von der Seite gesehen nimmt der Schaft einen Winkel von 45 Grad oder weniger zur Wasseroberfläche ein, von vorn gesehen von circa 90 bis 75 Grad. Der Ellbogen des Arbeitsarms ist stark angewinkelt. Die Arbeitshand ist nah am Boot. Die Gegenhand befindet sich in Schulterhöhe und geht über die Bootslängsachse hinaus zur Arbeitsseite. Der Gegenellbogen ist stark angewinkelt. Der Oberkörper ist meistens in einer Rücklage und leicht zur Arbeitsseite gedreht (*Foto 12 und 13*).
Bewegungsablauf
Der Grundschlag rückwärts wird ausgeführt durch den Druck des Unterarms, die gleichzeitige Drehung des Oberkörpers (die Schulter der Arbeitsseite wird nach vorn gebracht; Drehachse ist die Wirbelsäule) und durch den Übergang des Oberkörpers aus der Rücklage in die notwendige Vorlage. Die Gegenhand ändert ihre Position zum Oberkörper kaum und übernimmt gewissermaßen die Funktion eines Drehpunkts. Obwohl das Paddel über die Körperebene hinaus nach vorn geführt wird, liegt die Effektivität des Schlags in der Anfangsphase bis zur Körperebene (*Fotos 14 bis 16*).

12

13

14

15

16

Ziehschläge

Ziehschlag rückwärts

Ausgangsposition

Das Blatt wird hinter dem Körper mit der Schlagseite nach vorn nah an der Bootskante eingesetzt. Es steht im rechten Winkel zur Bootslängsachse. Von der Seite gesehen nimmt der Schaft einen Winkel von 60 Grad zur Wasseroberfläche ein, von vorn gesehen von 90 Grad. Der Arbeitsarm ist im Ellbogengelenk angewinkelt (circa 120 Grad); die Arbeitshand befindet sich nah an der Bootskante. Der Oberkörper ist in leichter Rücklage stark zur Arbeitsseite gedreht. Die Gegenhand geht über Kopfhöhe auf der Arbeitsseite über die Bootskante hinaus; die steile Schafthaltung (90 Grad von vorn gesehen) wird erst durch diese Stellung der Arme ermöglicht (*Fotos 1 bis 3*).

Bewegungsablauf

Es sind vier Phasen (Zieh-, Dreh-, Druck- und Steuerphase) zu beobachten, die jedoch bei der Durchführung des Schlags fließend ineinander übergehen müssen, ohne daß das Paddel zwischendurch aus dem Wasser genommen wird.

Ziehphase: Das Blatt wird in unveränderter Ausgangsposition an der Bootskante entlang nach vorn geführt. Je nach Bedarf kann diese Phase mehrmals hintereinander wiederholt werden (*Foto 4*).

Drehphase: Das Blatt wird auf der Stelle gedreht, so daß die Vorderseite nach vorn zeigt. Durch diese Drehung wird das Paddel in die Ausgangsposition des oben beschriebenen Grundschlags rückwärts gebracht (*Foto 5 und 6*).

1

2

3

4

5

6

Druckphase: Sie ist identisch mit dem Grundschlag rückwärts. Da diese Phase die wirkungsvollste aller vier Phasen sein muß, ist es einleuchtend, daß die Ziehphase nur kurz sein darf und die Drehphase auf der Stelle erfolgen muß, um die notwendige Länge der Druckphase zu ermöglichen (*Foto 7*).

Steuerphase: Das Blatt, das am Ende der Druckphase mit der Vorderseite nach vorn zeigt, wird gedreht, so daß die Vorderseite (Achtung: Beim CI und CII die Schlagseite!) an der Bootskante anliegt (*Foto 8*).

Die Wirkung der Steuerphase kann weiter erhöht werden:
- im KI: durch ein kurzes Seitwärtsziehen (Arbeitshand);
- im CI und für den Vordermann im CII: durch das Ziehen des Paddelgriffs zur Bootslängsachse (Gegenhand); siehe ferner «Hebeln», Seite 154 ff;
- für beide Bootsklassen: die Arbeitshand gleitet am Schaft zur Gegenhand. Das Blatt kann man dadurch näher am Bug anlegen.

Durch die starke Drehung des Oberkörpers in der Ziehphase ist eine bessere Orientierung nach hinten gegeben, und die Steuerphase ermöglicht die Stabilisierung bzw. Korrektur des Kurses – beides wichtige Faktoren in der Wettkampftechnik.

7

8

Richtungskorrektur

Im KI und CI sind sie mit der Steuerphase des Ziehschlags rückwärts identisch; im CII sind sie Angelegenheit des Zusammenspiels der beiden Partner. Der Vordermann benutzt die gleiche Steuertechnik wie der CI-Fahrer; der Hintermann zieht oder drückt das Heck seitwärts (siehe ferner «Hang- und Drucktechnik», S. 147ff, 154ff und das «Führen», S. 153f).

Ziehschlag seitwärts

Ausgangsposition

Von vorn gesehen nimmt der Schaft einen Winkel von 75 bis 90 Grad zur Wasseroberfläche ein. Das Blatt ist mit der Schlagfläche zum Boot gedreht und steht parallel zur Längsachse des Boots. Der Oberkörper wird mit der Brust zur Arbeitsseite gebeugt (als ob unter das Boot geschaut werden soll). Die Gegenhand ist über Kopfhöhe auf der Arbeitsseite und geht weit über die Bootskante hinaus. Der Gegenarm wird trotzdem nicht gestreckt, sondern bleibt leicht angewinkelt. Der Winkel des Arbeitsarms im Ellbogen liegt etwa bei 120 Grad; der Ellbogen ist relativ nah am Körper, wodurch die steile, fast senkrechte Position des Schafts (75 bis 90 Grad von vorn gesehen) ermöglicht wird. Von der Seite gesehen nimmt der Schaft einen rechten Winkel zur Wasseroberfläche ein; das Blatt befindet sich in Körperhöhe. Der Gegenellbogen zeigt in Stirnhöhe nach vorn (*Fotos 9 bis 11*).

Bewegungsablauf

Durch das Aufrichten des Oberkörpers und den Zug des Arbeitsarms wird das Boot seitwärts an das Paddel gezogen. Dabei bleibt das Blatt bei unverändert steiler Schafthaltung parallel zur Bootslängsachse. In der Entfernung von circa 20 cm von der Bootskante hört die Zugarbeit auf. Das Blatt wird mit der Außenkante in Richtung Heck geführt und hinter dem Körper aus dem Wasser genommen.

Die *Wirkung des Ziehschlags seitwärts* besteht in der Seitwärtsbewegung, der seitlichen Versetzung des Boots (CI, KI) oder des Bugs bzw.

9

11

10

12

Hecks beim CII. Der von beiden Fahrern im CII gleichzeitig durchgeführte Ziehschlag seitwärts verursacht die Drehung des Boots (*Foto 12*).

Hangtechnik

Die Hangtechnik ist als ein Komplex von Bewegungselementen zu betrachten, die sich gegenseitig beeinflussen und in ihrer Ausführung so variantenreich sind, daß es schwierig ist, die Einzelkomplexe isoliert zu beschreiben.

Der Einfachheit halber werden im folgenden vier Ausgangspositionen beschrieben, obwohl in deren Bereich eine Vielzahl weiterer Abwandlungen möglich ist. Darüber hinaus sei schon jetzt bemerkt, daß jede Position mit einer breiten Skala von anschließenden Ziehphasen bzw. Ziehschlägen verbunden werden kann.

Für die Ausgangsposition des Hangs sind drei Winkel von Wichtigkeit:

(1) der Winkel Schaft–Wasserfläche von vorn gesehen
(2) der Winkel Schaft–Wasserfläche von der Seite gesehen
(3) der Winkel Blatt–Längsachse des Boots

Variante 1

(1) Die Größe des Winkels Schaft–Wasserfläche von vorn gesehen liegt zwischen 75 und 90 Grad. Der Arbeitsellbogen ist nah am Körper. Der Arbeitsunterarm zielt schräg nach vorn. Die Gegenhand geht über Kopfhöhe auf der Arbeitsseite über die Bootskante hinaus. Der stark angewinkelte Gegenellbogen befindet sich in

Stirnhöhe und zeigt nach vorn. Die Arbeitshandfläche zielt ebenfalls nach vorn, die Gegenhandfläche nach oben (*Foto 1 und 2*).
(2) Der Winkel Schaft–Wasserfläche von der Seite gesehen beträgt 75
Grad (*Foto 3*).
(3) Der Winkel Blatt–Längsachse beträgt 30 Grad.

Variante 2
Die Abweichung von der Variante 1 besteht darin, daß durch eine
leichte Streckung des Arbeitsarms seitwärts der Winkel Schaft–Wasserfläche von der Seite gesehen verkleinert und das Blatt dem Bug
genähert werden. Die Lage des Gegenarms und der Gegenhand bleibt
nahezu unverändert (*Foto 4 und 5*).

1

2

3

4   5

Variante 3

Hier bleibt die in Variante 2 beschriebene Position des Arbeitsarms erhalten; die Gegenhand jedoch wird in den Nacken gesenkt. Damit ist zwangsläufig eine Verkleinerung der Winkel Schaft–Wasserfläche, von vorn und von der Seite gesehen, verbunden, während sich der Winkel Blatt–Längsachse des Boots vergrößert (*Fotos 6 bis 9*).

6   7

8   9

Variante 4

Bei unveränderter Position des Gegenarms (Gegenhand im Nacken) wird der Oberkörper mit der Brust zur Arbeitsseite gedreht. Dadurch werden zwangsläufig der Arbeitsarm und damit auch das Blatt hinter den Körper versetzt, der Winkel Blatt–Längsachse des Boots noch weiter vergrößert (bis zu 90 Grad) (*Foto 10 und 11*).
Diese Variante sieht attraktiv aus. Bei den Wanderfahrern wird sie häufig als Höhepunkt der Paddelkunst angepriesen – sie ist nämlich leicht zu lernen. Ihre Wirkung bleibt jedoch hinter der Attraktivität zurück; denn sie hemmt stark und dreht wenig. In der Anfängerschulung angewendet, bringt sie eine Verzögerung des weiteren Fortschritts mit sich. In der ökonomischen Wettkampftechnik wird sie nur in Ausnahmefällen eingesetzt.

An dieser Stelle muß betont werden, daß die Hangtechnik nur dann angewendet werden kann, wenn Geschwindigkeitsunterschiede zwischen Boot und Wasser bestehen. Durch diese Geschwindigkeitsunterschiede kommt der Druck auf das Paddel zustande und ermöglicht überhaupt das ‹Hängen› am Paddel.
In dem Moment, wo dieser Druck aufhört, setzt die ‹Zugphase› ein. Das Blatt wird weiter ‹geöffnet› (der Winkel Blatt–Längsachse des Boots vergrößert sich) und in einem Bogen zum Bug des Boots geführt.

Für die Dauer der Varianten der Ausgangsposition kann kein Richtwert gegeben werden. Sie kann extrem kurz oder den Gegebenheiten (Strömungsgeschwindigkeit, Bootsprofil, Anfahrtswinkel zum Tor, Schwierigkeitsgrad des Wassers und ähnliches) entsprechend länger sein.

10   11

Wirkung im KI und CI: Drehung des Boots zur Arbeitsseite
Im CII gibt es zwei Arten der Ausführung:
1. Der ‹Hang› wird von beiden Partnern angewendet.
2. Der Vordermann benutzt den ‹Hang›, der Hintermann den Grund-
   oder Bogenschlag vorwärts (*Foto 12*).
In beiden Fällen dreht sich das Boot zur Arbeitsseite des Vordermanns;
im ersten Fall ist jedoch der Radius kleiner.

12

Zwei Hinweise für die funktionalen Zusammenhänge:

● Die Vergrößerung des Winkels zwischen Blatt und Bootslängsachse und die Verkleinerung des Winkels zwischen Schaft und Wasseroberfläche (von der Seite gesehen) haben
– einen negativen Einfluß auf die Fahrgeschwindigkeit und
– einen positiven Einfluß auf die Wende- bzw. Drehgeschwindigkeit.

● Die Änderungen des Winkels zwischen Schaft- und Wasseroberfläche (von vorn gesehen) haben kaum unmittelbaren Einfluß auf die Fahr- oder Wendegeschwindigkeit; sie bewirken vielmehr ein seitliches Versetzen und eine größere Stabilisierung des Boots. Oft entstehen sie als Folge von Strömungs- oder Bewegungsänderungen. Doch die Verkleinerung dieses Winkels unter die Werte von 60 Grad, ja sogar unter 45 Grad (Senken der Gegenhand in Gesichts- bzw. Brusthöhe), schränkt die zweckdienliche Durchführung der beschriebenen Varianten der Hangtechnik ein.

Wriggen

Ausgangsposition
Von der Seite gesehen wird das Paddel hinter dem Körper in der Entfernung von 20 bis 30 cm vom Boot eingesetzt. Das Blatt nimmt den Winkel von cirka 30 Grad zur Längsachse des Boots ein, der Schaft den Winkel von circa 75 Grad zur Wasserfläche. Der Körper ist mit der Brust zur Arbeitsseite gedreht. Beide Arme sind im Ellbogen angewinkelt, der Arbeitsarm fast 90 Grad. Von vorn gesehen soll der Schaft einen Winkel von wenigstend 75 Grad, besser jedoch von 90 Grad einnehmen. Die Gegenhand geht in Kopfhöhe über die Bootskante auf der Arbeitsseite hinaus; die Schlagfläche zielt nach vorn (*Foto 1 und 2*).

Bewegungsablauf
Durch die Drehung des Oberkörpers (die Arbeitsschulter bewegt sich nach vorn) und durch den Einsatz des Arbeitsarms (Zug bis zur Körperebene, ab hier Druck) wird das Blatt in der unveränderten Ausgangsposition (30 Grad zur Bootsachse – 20 bis 30 cm vom Boot entfernt) geradlinig am Boot entlang nach vorn über die Körperebene hinaus geführt.

Hier wird das Paddel aus dem Handgelenk gedreht, so daß die Innenkante zum Boot zeigt, die Schlagfläche nach innen gerichtet ist und der Winkel Blatt–Längsachse des Boots erneut 30 Grad beträgt. In dieser Stellung wird das Blatt wiederum geradlinig in die Ausgangsposition gebracht (*Foto 3*).

Wirkung: Das Boot wird seitlich zur Arbeitsseite versetzt wie beim Ziehschlag seitwärts. Das Wriggen wird zur Überwindung von kleine-

ren Distanzen benutzt, wenn Wert auf Präzision gelegt wird. Die Zahl der Wiederholungen, die Länge des Weges im Wasser und die Geschwindigkeit der Bewegung hängen von der Situation und der beabsichtigten Wirkung ab.

Führen des Paddels

Man kann sagen, daß der Fahrer sein Boot nur dann beherrscht, solange das Paddel im Wasser ist. Da sich die Situation bei einem Wettkampf ständig verändert und neue Lösungen verlangt, muß der Fahrer fähig sein, das Paddel von einer Position fließend in eine andere zu versetzen,

ohne das Blatt zwischenzeitlich aus dem Wasser herauszunehmen.
Diese Veränderungen der Lage des Blatts werden als «Führen» bezeichnet.
Die korrekte Ausführung der Bewegung setzt voraus:
1. Der Schaft ist senkrecht zur Wasserfläche.
2. Der Oberkörper ist zur Arbeitsseite gedreht.
3. Die Gegenhand geht über die Bootskante auf der Arbeitsseite
   hinaus.
4. Das Blatt wird in die neue Position mit der Kante (vorwiegend mit
   der Innenkante), ohne den Griff am Schaft zu verändern, vorwärts
   geführt.
Steht das Blatt parallel zur Bootslängsachse, verläuft auch seine Bewegung mit dieser Achse parallel. Wird der Winkel Blatt–Bootslängsachse verändert, ändert sich die Richtung der Bewegung (des Arbeits-
wegs).
Das Führen darf keine Auswirkung auf die Bootsbewegung haben.
Seine Aufgabe ist nur die Versetzung des Blatts von einer Position in
die andere.

Drucktechnik

Die Drucktechnik (Hebeln, Drücken) wird nur im Canadier benutzt.
Ausgangsposition
Von vorn gesehen nimmt der Schaft einen Winkel von 75 Grad zur
Wasserfläche ein. Die Arbeitshand ist oberhalb der Bootskante, der
Arbeitsellbogen ist nah am Körper. Die Gegenhand geht in Kopfhöhe
über die Bootskante an der Arbeitsseite hinaus. Das Blatt ist parallel
zur Bootsachse, seine Paddelfläche dicht am Boot, und der Oberkörper
ist zur Arbeitsseite gedreht (*Foto 1*).
Der *Bewegungsablauf* gliedert sich in zwei Phasen:
1. Die Gegenhand zieht den Griff des Paddels zur Bootsmitte hin. Die
   Arbeitshand hält den Schaft lose an der Bootskante (*Foto 2*).
2. Das Blatt wird mit der Innenkante zum Boot gedreht und in die
   Ausgangsposition geführt.
Wirkung: Das Boot (CI) bzw. Bug oder Heck beim CII werden seitlich
versetzt (*Foto 3*).
Zu beachten: Die Streckung des Gegenarms und das Hinausgehen der
Gegenhand über die Kante an der Arbeitsseite sind von entscheidender
Bedeutung. Dadurch erreicht der Weg des Blatts die angestrebte Ar-
beitslänge; die Effektivität des Schlags wird gewährleistet.
‹Aktiver› bei diesem Schlag ist die Gegenhand. Die Arbeitshand hält
den Schaft lose am Boot, sie beteiligt sich nur am Drehen des Paddels.
Das Wegziehen des Schafts von der Kante ist als Fehler zu betrachten.

1

2

3

Befindet sich das Boot in Bewegung oder bestehen Geschwindigkeitsunterschiede zwischen Boot und Wasser, unterliegt die Drucktechnik
ähnlichen Bedingungen wie die Hangtechnik: Der Zug der Gegenhand
zur Bootsmitte beginnt erst in dem Moment, wo der Druck auf das Blatt
(auf seine Vorderseite) aufhört.
Für diesen Fall ist zusätzlich die Änderung der Ausgangsposition und
der Wirkung zu beachten:

4

5

Beim CI wird das Blatt näher zum Bug angesetzt (Arbeitsarm wird gestreckt).
Im CII bleibt die Ausgangsposition beim Vordermann – wie oben beschrieben – unverändert. Der Hintermann setzt den Bogenschlag rückwärts an. Die Anwendung beim Wettkampf erfordert weitere Variationen (*Foto 4 und 5*).
Wirkung: Drehung des Boots zur Gegenseite (CI) bzw. zur Arbeitsseite des Hintermanns (CII).

Übergreifen

Diese Technik wird heute nur noch im Canadier angewendet.

Ausgangsposition
Von vorn gesehen wird das Blatt auf der Gegenseite angesetzt und nimmt fast einen rechten Winkel zur Wasserfläche ein. Die Schlagfläche zeigt zum Boot. Der Arbeitsarm ist nahezu gestreckt. Die Arbeitshand befindet sich in Schulterhöhe hinter dem Körper oberhalb des Boots, der Körper ist zur Gegenseite gedreht.
Von der Seite gesehen nimmt der Schaft einen Winkel von 45 bis 60 Grad zur Wasserfläche ein, von oben betrachtet den gleichen Winkel zur Bootsachse (*Foto 1*).

Bewegungsablauf
Der Arbeitsarm, unterstützt durch die Drehung des Körpers, zieht das Blatt wiederholt zum Boot.

Wirkung: Drehung des Bugs zur Gegenseite. Bei Geschwindigkeitsunterschieden gelten die gleichen Regeln, die uns von der Hangtechnik bekannt sind: Die Ausgangsposition des Paddels bleibt unverändert, solange der Druck auf das Blatt (Schlagseite) effektiv wirkt; danach setzt die Zugphase ein.

Zu beachten: Die Änderung des Winkels Schaft–Wasserfläche von der Seite gesehen und des Winkels Schaft–Bootsachse von oben gesehen beeinflußt die Geschwindigkeit des Boots einerseits und die Geschwindigkeit der Drehung andererseits. Die Vergrößerung der beiden Winkel (von oben) beschleunigt die Drehung und setzt die Geschwindigkeit herab (*Foto 2*).

1

2

Bei der Anwendung der beschriebenen Techniken im *Wildwasserrennsport* werden durch die unterschiedlichen Bootsformen Abweichungen verursacht. Beim Grundschlag vorwärts wird der Einsatz des Rumpfs bei gestreckten Armen (Anriß) bei entsprechender Rhythmik der Beinarbeit im KI betont. Seine Benutzung bei verschiedenen hydrodynamischen Bedingungen wird erläutert und geübt (zum Beispiel Einsatz des Blatts hinter dem Wellenkamm, Richtungskorrekturen auf dem Wellenkamm, Rhythmusänderungen auf der Strecke).

Die Hangtechnik wird mehr für Richtungskorrekturen und nur im Notfall zum Drehen angewendet. Das Blatt wird deswegen näher zum Bug angesetzt. Richtungsänderungen sollten mit dem Kanten des Boots erreicht werden; der Rückwärtsbogenschlag sollte nur in Ausnahmefällen benutzt werden. Viele Schläge werden beim Wildwasserrennsport gar nicht oder nur selten angewendet wie das Wriggen oder der Ziehschlag rückwärts. Dagegen kann das ‹Führen› in den verblockten Passagen der Strecke gute Dienste leisten.

Unterschneiden

Das Unterschneiden ist ein Bestandteil der Slalomtechnik. Diese Fahrweise bietet dem Fahrer die Möglichkeit, mit Teilen des Boots (Bug, Heck) die Torstäbe (ihre gedachte Verlängerung zur Wasseroberfläche) ohne Berührung zu passieren.

Im Wettkampf werden vorwiegend folgende Varianten des Unterschneidens angewendet:

1. Unterschneiden mit dem Heck beim Ausfahren aus dem Aufwärtstor (*Foto 1*);

1

2

2. Unterschneiden mit dem Bug beim Einfahren in das Aufwärtstor;
3. Unterschneiden mit dem Heck bei der Einfahrt in das Rückwärtstor;
4. Unterschneiden mit dem Bug bei der Ausfahrt aus dem Rückwärtstor (*Foto 2*).

Zum Erlernen dieser Technik werden folgende Schritte empfohlen:
Eintauchen des Hecks (ohne Tore)
1. Vorwärtsbogenschlag aus der Fahrt vorwärts, wechselseitig angewendet.
2. Rückwärtsbogenschlag aus der Fahrt vorwärts, wechselseitig angewendet. Das Eintauchen des Hecks wird durch die leichte Rücklage des Körpers und Ankanten des Boots zur Arbeitsseite unterstützt.
3. Mehrmaliges Wiederholen des Vorwärtsbogenschlags bzw. Rückwärtsbogenschlags mit Eintauchen des Hecks, wechselseitig angewendet.
4. Anwendung der erlernten Elemente im Tor(en).

Beim Eintauchen des Bugs wird analog verfahren.

Kenterrolle

Beherrscht man die Technik der Kenterrolle, so kann man schon wenige Sekunden nach einer Kenterung wieder voll aktionsfähig sein. Für den Wettkämpfer ist ihre Beherrschung eine Selbstverständlichkeit. Ein Fahrer, der sein Boot bei einer Kenterung verläßt, scheidet aus dem

Rennen aus, während derjenige, der die Kenterrolle im Boot erfolgreich ausführt, das Rennen ohne Disqualifikation fortsetzen darf.
Die Kenterrolle wird oft als Krönung der Paddeltechnik bezeichnet.
Macht man sich jedoch ihren ursprünglichen Zweck klar – die einzige
Überlebenschance für die Eskimos bei einer Kenterung im Eiswasser
des hohen Nordens –, wird deutlich, daß es sich um ein fundamentales
Können handelt und früh erlernt werden sollte. In unseren Breitengra-
den geht es bei einer Kenterung gewöhnlich nicht um das Überleben;
trotzdem ist die Schwimmpartie mit Boot und Paddel nicht immer
angenehm. Erschwert wird sie dadurch, daß der Gekenterte sich in
einer ungewohnten, den Alltagsbewegungen fremden Lage befindet.
Die Kenterrolle stellt eine komplexe Technik des Kanusports dar.

Es werden zwei Arten der Kenterrolle unterschieden:
● Bogenschlagrolle (Kurze Rolle)
● Paddelstützrolle (Lange Rolle)
Der besondere Vorteil der Bogenschlagrolle gegenüber der Paddelstützrolle liegt darin, daß die Griffhaltung der Hände am Paddel nach
der Kenterung unverändert bleiben kann. Daher läßt sie sich besonders
schnell ausführen. Sie ist die heute gebräuchlichste und sicherlich öko-
nomischste Technik; es wird daher an dieser Stelle lediglich auf diese
Art der Kenterrolle eingegangen.
Bei der Bewegungsbeschreibung (*siehe Bildreihe*) handelt es sich um
eine linksseitig eingetaucht und rechtsseitig aufgerichtete Bogenschlagrolle.

In der Kenterrolle wird der Oberkörper weit nach vorn gebeugt und so
gedreht, daß beide Hände an einer Seite zur Wasseroberfläche kommen (*siehe Bildreihe rechts*). Durch diese Körperverwindung wird es
möglich, daß der Arbeitsarm das Arbeitsblatt aus dem Wasser heben
kann. Das Paddel liegt parallel zur Bootslängsachse (*Foto 1*).

In nahezu gestreckter Stellung leitet der Arbeitsarm den Durchzug zum Bogenschlag vorwärts ein. Das Arbeitsblatt ist dabei zur Bewegungsrichtung hin etwa 10 Grad aufgestellt. Der Arbeitsweg verläuft bogenförmig an der Wasseroberfläche in Richtung Heck. Inzwischen wird der Arbeitsarm leicht angewinkelt. Das Arbeitsblatt geht zum Schluß fließend in eine steile Stellung über (*Foto 2*).

Wenn der Wasserwiderstand spürbar ist, wird die Rumpfentwindung unter gleichzeitigem Wegkanten des Boots eingeleitet. Dabei drückt der arbeitsseitige Oberschenkel gegen das Boot. Das Boot befindet sich bereits in Seitenlage, bevor das Arbeitsblatt die Sitzhöhe passiert hat. Der Kopf befindet sich noch unter der Wasseroberfläche. Der Gegenarm ist gebeugt und wird körpernah gehalten (*Foto 3*).

Alle bisher eingeleiteten Maßnahmen werden fortgesetzt. Das Boot wird unter den Körper gezogen. Der Kopf befindet sich nah an der Wasseroberfläche. Die Körperverwringung ist aufgelöst, da die Arbeitshand die Sitzhöhe passiert hat (*Foto 4*).

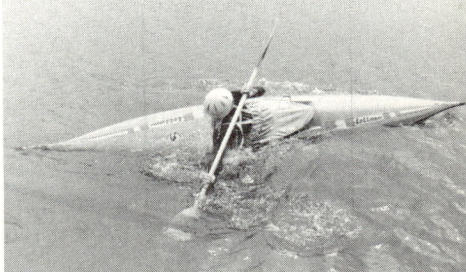

Das Wegkanten des Boots ist abgeschlossen. Die Normallage des Boots wird durch Beenden des Bogenschlags vorwärts erreicht. Die arbeitsseitige Schulter wird mit zurückgenommen. Der Oberkörper wird leicht nach hinten gebeugt (*Foto 5*).

162

Taktik

Taktik

Die Kenntnis der Strecke ist sowohl im Wildwasserrennsport als auch beim Slalom von Bedeutung. Der Fahrer muß den Plan der Strecke im Kopf haben. Er sollte sogar in der Lage sein, ihn aufzuzeichnen. Im Slalom muß ihm nicht nur die Reihenfolge der Tore, sondern auch die Abfolge der vorgesehenen Schläge geläufig sein. Für einen guten Fahrer ist es unerläßlich, vor dem Start ein festes Konzept zu entwickeln. Es sollten Ersatzlösungen beim Scheitern dieses Konzepts vorgesehen werden.

Ähnliche Überlegungen sollten auch beim Wildwasserrennsport angestellt werden. Der *Pegelstand* verändert den Charakter einer Strecke wesentlich. Je nach Wasserstand sind Steinblöcke und Sandbänke entweder überspült oder treten hervor; die geplante Fahrbahn oder Verkürzung ist in Frage gestellt. Auch hier muß ein Fahrkonzept mit Ersatzlösungen vorhanden sein.

Mit Bedacht muß die Stelle zum *Überholen* – soweit es überhaupt in Frage kommt – gewählt werden. Die schmalen und verblockten Abschnitte sind ungünstig und machen oft ein Überholen unmöglich. Prinzipiell kann natürlich zum Überholen nur dann angesetzt werden, wenn genügend Kräfte vorhanden sind. Ein mißlungener Versuch motiviert den Gegner und erschüttert andererseits das Selbstvertrauen und die kämpferische Moral des bei diesem Versuch gescheiterten Fahrers.

Das Beobachten des Gegners, das Beobachten seiner Ausrüstung, seiner Technik, seiner Trainings- und Wettkampfeinstellung ist immer nützlich.

Beim Wildwasserrennen ist dies direkt an der Strecke meistens nur beim Training möglich. Das Beobachten der Fahrweise des Gegners oder die Analyse eines Streckenabschnitts vom Ufer aus bringt manchmal mehr als eine wiederholte Befahrung der Strecke ohne Konzept.

Beim Slalom ist das Beobachten des Gegners meist auch im Verlauf des Wettkampfs möglich: Die Fahrtlinie, seine Schlagabfolge, seine Entscheidung, ob er rechts oder links dreht, ob er direkt oder mit Hilfsschlinge in eine der komplizierten Passagen fährt, können für den beobachtenden Fahrer wichtige Hinweise für die eigene Taktik geben.

Die Betreuung durch den Trainer vor dem Start verlangt Einfühlungsvermögen, Erfahrung und die Kenntnis der Fahrer. Mancher benötigt ein persönliches Wort, während ein anderer durch ein allgemeines Gespräch beruhigt werden kann; einen nächsten erinnert man an die wichtigsten Phasen und Passagen der Strecke.

Die Betreuung an der Strecke sollte mit dem Aufstellen eines Konzepts abgeschlossen sein, freilich mit einer Ausnahme: wenn ein Hinweis an einer bestimmten Stelle über ein bestimmtes Problem vorher abgesprochen wurde. Solche Hinweise sollten kurz und deutlich sein (zum Beispiel «Direkt», «Voll», «Nur durchs Ziel») und dem Fahrer gezielt zugerufen werden.

Für die *Krafteinteilung* auf der Strecke (vorwiegend Wildwasserstrekke) sind drei taktische Varianten denkbar:

1. Start-Ziel-Sieg: Die ganze Strecke wird mit voller Intensität gefahren. Diese Variante bleibt allerdings nur den technisch und konditionell versierten Fahrern vorbehalten.

2. Die gleichmäßige Tempoverteilung: Es wird festgestellt, in welcher Zeit die einzelnen im Training festgelegten Abschnitte zu durchfahren sind. Der Fahrer richtet dann sein Tempo nach den Angaben der Helfer oder selbst nach der Uhr. Im Wildwassersport ist diese Variante wegen der sich ändernden äußeren Bedingungen (Wasserstand) nicht immer anwendbar. Für den Kampf um den ersten Platz ist sie umstritten. Sie schont den Fahrer und gewährleistet das sichere Erreichen des Ziels und empfiehlt sich Fahrern mit konstanten Leistungen, da sie zu guten Placierungen verhelfen kann.

3. Progressive Renneinteilung (Splitting) ist das Führen des Fahrers nach Zwischenzeiten. Diese Variante ist im Wildwasserrennsport üblich. Die Zeitangabe, als Anreiz für den Fahrer gedacht, kann jedoch negative Wirkungen haben. Bei falscher Einteilung der Kräfte führt sie bei einem schwächeren Fahrer zur Erschöpfung. Die Angabe eines beträchtlichen Zeitabstands kann sogar bei einem versierten Fahrer negative Folgen haben; er gibt einfach auf. Dagegen sind Fälle bekannt, in denen unkorrekte, positiv verfälschte Zeitangaben stimulierend gewirkt haben.

Taktik für die erste und zweite Fahrt beim Slalom
Bei den zwei in den Regeln vorgesehenen Fahrten gibt es drei mögliche Varianten:

1. Es werden beide Fahrten voll auf Risiko gefahren;
2. erste Fahrt ohne Risiko, zweite Fahrt voll auf Risiko;
3. erste Fahrt voll auf Risiko, die zweite wird dann dem Ergebnis der ersten angepaßt.

Die zweite Taktik ist die vernünftigere, wenn auch die meisten sich der ersten Variante bedienen möchten. Die Wahl der Variante hängt jedoch jeweils von dem technischen und konditionellen Können des Fahrers ab.

Die dritte Variante ist der Ausnahmefall: Es gibt Fahrer, die bei der zweiten Fahrt grundsätzlich scheitern, sei es psychisch oder konditionell. Das wissen sie selbst, und das weiß natürlich auch ihr Trainer. Die dritte Variante ist dann die einzige Lösung.

Die sogenannten ‹einkalkulierten Strafpunkte› (zum Beispiel beabsichtigte Torberührung, das Auslassen eines technisch anspruchsvollen Tors) können taktisch richtig sein. Sie sind jedoch nur bei leistungsschwächeren Fahrern entschuldbar. Ein solches Verhalten muß allerdings als unsportlich gelten.

Das *Zusammenstellen der Mannschaft* für den Mannschaftswettkampf: In der Mannschaft fahren im Prinzip die drei besten Fahrer. Es sollte jedoch berücksichtigt werden, daß die Stärke der Mannschaft wesentlich auf ihrer Zusammenarbeit und ihrem Verständnis füreinander beruht. Ein versierter Individualist kann störend wirken, während sich ein leistungsschwächerer Fahrer für die Teamarbeit als sehr förderlich erweisen kann. Eine stimulierende Rolle spielen auch freundschaftliche Beziehungen der Fahrer untereinander.
Leistungsstarke Vereine können mehrere Mannschaften aufstellen und die besten Fahrer auf zwei oder drei Mannschaften verteilen. Die Führung durch einen versierten Fahrer ist für einen Anfänger in technischer und psychischer Hinsicht wichtig. Er kann lernen, und durch eine gute Placierung wird sein Selbstbewußtsein gestärkt.
Die *Reihenfolge in der Mannschaft* während der Fahrt: In der Regel fährt der leistungsschwächere in der Mitte und der beste Techniker an der Spitze. Er muß nicht unbedingt der schnellste Fahrer sein. Oft wird die Reihenfolge im Laufe des Wettbewerbs gewechselt; vor allem im Wildwasserrennsport startet der schnellste als letzter und überholt seine Mitfahrer auf der Strecke.

Zur Taktik gehört auch die psychische Auseinandersetzung mit den spezifischen Bedingungen des Wettkampfs: Besonderheiten der Strecke, Publikum und anderes. So konnten sich die Fahrer bei den Olympischen Spielen in Augsburg nicht an die große Menge der begeisterten Zuschauer gewöhnen. Auch die Deutsche Nationalmannschaft mußte dieser Tatsache Rechnung tragen.

Horst Obstoj

Anhang

Regelkunde

Die für den Führer von Kleinbooten ohne maschinellen Antrieb – dazu gehören die Kanus, die mittels Paddel oder Segel fortbewegt werden – wichtigsten Regeln für den Verkehr auf Schiffahrtstraßen sind im folgenden wiedergegeben.

Wer sich darüber hinaus informieren will, kann die genannten Verordnungen und Ordnungen im Buchhandel erhalten. Außerdem sind Broschüren erhältlich bei den zuständigen Wasserschiffahrtsämtern oder direkt beim Bundesminister für Verkehr, Abteilungen Binnenschifffahrt und Wasserstraßen (Kennedyallee 72, 5300 Bonn-Bad Godesberg) sowie der Abteilung Seeverkehr (Bernhard-Nocht-Str. 78, 2000 Hamburg 4).

Auf den *Seeschiffahrtstraßen* gelten zwei Verordnungen:
- die Seeschiffahrtstraßenordnung (SeeSchStrO) und
- die Seestraßenordnung (SeeStrO).

Die Seestraßenordnung wird auf den deutschen Hoheitsgewässern durch die Seeschiffahrtstraßenordnung ergänzt. Sie gilt vor allem für die dichter befahrenen, zum Teil künstlichen und weniger tiefen bundesdeutschen Wasserstraßen, auf denen auch Seeschiffe fahren. Für den Kanufahrer, der diese Wasserwege benutzen will, ist es wichtig zu wissen, daß fast alle diese Regeln nur im Bereich des Fahrwassers gelten. Das Fahrwasser ist durch Bojen und Baken gekennzeichnet, die auf der linken Seite (*backbord*) rot und auf der rechten Seite (*steuerbord*) schwarz sind. Der Geltungsbereich der Seeschiffahrtstraßenordnung ist in der vom Deutschen Hydrographischen Institut herausgegebenen Seekarte D 50 und auch in anderen Küstenkarten eingezeichnet. Grundsätzlich muß sich jeder Fahrzeugführer so verhalten, daß die Sicherheit gewährleistet und niemand behindert oder geschädigt wird. Soweit es mit der Sicherheit des eigenen Fahrzeugs vereinbar ist, ist jeder im Unglücksfall zur Hilfeleistung verpflichtet.

Vorfahrtsregelung
Beim Einlaufen oder Queren des Fahrwassers haben alle im Fahrwasser befindlichen Fahrzeuge Vorfahrt.

Anlege- und Festmacheverbote
Mit ihnen muß gerechnet werden im Fahrwasser, an engen Stellen und unübersichtlichen Krümmungen, in einem Umkreis von 300 Metern von schwimmenden Wracks und anderen Schiffahrtshindernissen, vor Hafenein- und -ausfahrten, an Anlegestellen von Fähren und Fahrgastschiffen, innerhalb von Brücken und Fährstellen sowie an Strombauwerken, Leitwerken, Schiffahrtzeichen und abbrüchigen Uferstellen.

Auf den *Binnenwasserstraßen* gelten vier Verordnungen:
● die Donauschiffahrtpolizeiverordnung vom 18. März 1970,
● die Rheinschiffahrtpolizeiverordnung vom 5. August 1970,
● die Moselschiffahrtpolizeiverordnung vom 8. Juni 1971,
● die Binnenschiffahrtstraßenordnung vom 3. März 1971.
Die BinSchStrO gilt unter anderem für folgende Wasserstraßen: Nekkar, Main, Main-Donau-Kanal, Lahn, Kanal von Kleve bis zum Rhein, die westdeutschen Kanäle, Weser oberhalb Bremen, Elbe oberhalb Hamburger Hafen, Ilmenau und Elbe-Lübeck-Kanal.

Alle Ordnungen enthalten:
Allgemeine Sorgfaltspflicht
Es sind alle Vorsichtsmaßregeln zu treffen, damit
● Menschenleben nicht gefährdet werden,
● keine Behinderung der Schiffahrt erfolgt,
● Ufer, Bauwerke und Anlagen in der Wasserstraße und an den Ufern nicht beschädigt werden,
● Beschädigungen anderer Fahrzeuge oder Schwimmkörper vermieden werden.

Ausweichpflicht und Fahrtrichtlinien
● Kleinfahrzeuge müssen grundsätzlich allen übrigen Fahrzeugen ausweichen und ihnen für ihren Kurs oder zum Manövrieren den notwendigen Raum lassen.
● Kleinfahrzeuge mit Maschinenantrieb müssen einander und allen anderen Kleinfahrzeugen ausweichen.
● Kleinfahrzeuge ohne Maschinenantrieb müssen einander und den unter Segel fahrenden Kleinfahrzeugen ausweichen.

Die wichtigsten Schiffahrtzeichen auf Binnenschiffahrtstraßen

oder

oder

oder — oder

Verbot der Durchfahrt

oder — oder

Erlaubnis zur Durchfahrt

Gesperrte Wasserfläche frei für Kleinfahrzeuge ohne eigenen Antrieb

Verbot in Häfen oder Nebenwasserstraßen einzufahren

Begrenzte Fahrwassertiefe

Festmacheverbot

12

Geschwindigkeitsbegrenzung

Vorsicht

oder

Wellenschlag vermeiden

Nicht frei fahrende Fähre

Angezeigte Richtung einschlagen

Empfehlung in Richtung des Pfeils zu fahren

40

Abstand vom Ufer halten

Erlaubnis zum Ankern

Ankerverbot

Ende der Verbotsstrecke

P

Liegeerlaubnis

P

Liegeverbot

Brückendurchfahrt mit Gegenverkehr

oder

Brückendurchfahrt, ohne Gegenverkehr

Verbot, außerhalb der Begrenzungen zu fahren

SKI

Wasserskistrecke

= blau   = grün   = rot   = gelb

Die wichtigsten Schallsignale

▬ 1 langer Ton: „Achtung"

■ 1 kurzer Ton: „Ich richte meinen Kurs nach Steuerbord"

■ ■ 2 kurze Töne: „Ich richte meinen Kurs nach Backbord"

■ ■ ■ 3 kurze Töne: „Meine Maschine geht rückwärts"

■ ■ ■ ■ 4 kurze Töne: „Ich bin manövrierunfähig"

■ ■ ■ ■ ■ ■…Folge sehr kurzer Töne: „Gefahr eines Zusammenstoßes"

▬ ▬..Wiederholte lange Töne ▲..▲..▲..▲ oder Gruppen von Glockenschlägen: „Notsignal"

Eine wichtige Gruppe von Schallzeichen, die der Sportbootfahrer wohl am häufigsten hört, sind die Schallzeichen der Fahrzeuge der Großschiffahrt für das Wenden über Backbord oder über Steuerbord.

Es bedeuten:

▬ ■ 1 langer Ton, 1 kurzer Ton: „Ich wende über Steuerbord"

▬ ■ ■ 1 langer Ton, 2 kurze Töne: „Ich wende über Backbord"

„Kurzer Ton" ist ein Ton von etwa 1 Sekunde Dauer.

„Langer Ton" ist ein Ton von etwa 4 Sekunden Dauer.

„Folge sehr kurzer Töne" ist Folge von mindestens 6 Tönen, je von etwa $1/4$ Sekunde Dauer.

Lichtzeichen

Für Fahrten bei Dunkelheit ist die Kenntnis von Lichtzeichen notwendig. Auf bestimmten Streckenabschnitten von Donau und Rhein sind solche Fahrten verboten.

Ansonsten gilt:

● Alle Fahrzeuge mit Maschinenantrieb haben seitliche Positionslichter; sie sind in Fahrtrichtung links (backbord) rot und rechts (steuerbord) grün.

● Mit weiteren Lichtern wird die Art des Fahrzeugs angezeigt.

● Notsignale werden durch rote Leuchtraketen oder rote Handfackel, Rauchzeichen mit orangefarbenem Rauch, anhaltendes Ertönen eines Nebelsignalgeräts gegeben.

Der Paddler kann in Notfällen durch Im-Kreis-Schwenken einer roten Flagge oder sonstiger Ausrüstungsgegenstände am Tag und durch Schwenken eines Lichts im Kreis bei Nacht auf sich aufmerksam machen.

Wettkampfbestimmungen

Die Wettkampfbestimmungen für Kanuslalom und Wildwasserrennsport sind in Regelwerken des ICF und des DKV verankert. Die wichtigsten Bestimmungen über die Teilnahmebedingungen, die allgemeinen Wettkampfregeln und die Wettkampfregeln für Kanuslalom und Wildwasserrennsport werden im folgenden wiedergegeben.

Für die Einteilung in den einzelnen Klassen gilt das Erreichen der nachstehenden *Altersklassen* im laufenden Kalenderjahr.
*Schüler*klassen (männlich und weiblich)
Schülerklasse B 10 bis 12 Jahre
Schülerklasse A 13 bis 14 Jahre
*Jugend*klasse (männlich und weiblich)
Jugendklasse 15 bis 18 Jahre
*Senioren*klasse (Damen und Herren)
Allgemeine Klasse ab 19 Jahre
Altersklasse I ab 32 Jahre
Altersklasse II ab 40 Jahre
Ein vorzeitiger Altersklassenwechsel ist möglich auf Antrag und ab Geburtstag im letzten Jahr der Klassenzugehörigkeit. Nach einem Start im Einzelwettkampf ist eine Rückstufung nicht mehr möglich.
Die *Leistungsklassen* (LK) werden wie folgt eingeteilt:
Schüler: keine Leistungsklassen
Jugend und Junioren: LK I und LK II
Senioren: LK I und LK II
        LK III nur im KI Herren (nur Slalom)
Altersklassen: keine Leistungsklassen
Für den CII-Mix gibt es für alle Altersklassen keine Leistungsklassen.
An allen ausgeschriebenen Wettkämpfen, außer an Deutschen Meisterschaften und Ranglistenrennen (dafür gelten besondere Teilnahmebedingungen) und an regional begrenzten Veranstaltungen (Bezirksmeisterschaften, landesoffene Wettkämpfe) sind alle Mitglieder der Vereine der Landes-Kanuverbände und die, welche einem Verband der ICF angehören, startberechtigt. Meldungen zu Wettkämpfen dürfen für Vereinsmitglieder nur durch die Vereine auf Vordrucken abgegeben werden. Die Obleute der Vereine sind für die Richtigkeit der Angaben verantwortlich; sie vertreten auch während der Wettkämpfe die Belange der von ihnen Gemeldeten.
Jeder Wettkämpfer muß im Besitz eines gültigen DKV-Sportpasses sein, der unter anderem bestätigt, daß der Inhaber Freischwimmer und sporttauglich ist.

Wettkämpfe im Kanuslalom und Wildwasserrennsport werden durchgeführt in den Bootsgattungen Kajak und Canadier. Sie sind eingeteilt in die Bootsklassen Kajak-Einer (KI), Canadier-Einer (CI) und Canadier-Zweier (CII).
Die Boote unterliegen folgenden Bestimmungen:

	Kanuslalom			Wildwasserrennen		
	Mindest-länge	Mindest-breite	Mindest-gewicht	Mindest-länge	Mindest-breite	Mindest-gewicht
KI	4,00 m	0,60 m	9 kg	4,50 m	0,60 m	10 kg
CI	4,00 m	0,70 m	10 kg	4,30 m	0,70 m	11 kg
CII	4,58 m	0,80 m	15 kg	5,00 m	0,80 m	18 kg

Wettkampfregeln Kanuslalom (Auszug)
«Der Kanuslalom ist ein Wettkampf, bei dem eine durch Tore vorgeschriebene Wettkampfstrecke auf bewegtem, schnellfließendem Wasser in kürzester Zeit fehlerfrei zu befahren ist» (Grundsatz zu den Wettkampfbestimmungen Kanuslalom).
Sicherheitsbestimmungen (Auszug): Alle Boote müssen unsinkbar sein und an jedem Ende Haltvorrichtungen haben. Diese müssen so beschaffen sein, daß jederzeit mit der ganzen Hand hineingegriffen und das Boot gehalten werden kann. Jeder Wettkämpfer muß einen festgezogenen Kopfschutzhelm und eine Schwimmweste tragen. Die Schwimmweste muß so beschaffen sein, daß eine bei Bewußtsein im Wasser treibende Person mit dem Gesicht nach oben gehalten wird und die Auftriebskraft von 6 kg gewährleistet ist.
Die *Wettkampfstrecke* muß eine Strömungsgeschwindigkeit von mindestens 2 m/Sek. aufweisen und soll nicht länger als 600 m von Start- bis Ziellinie sein. Sie soll natürliche und künstliche (bei Bedarf) Hindernisse aufweisen. Sie muß mit höchstens 25 und mindestens 20 Toren (davon mindestens 6 Aufwärtstore) ausgehängt sein. Die Strecke muß auf ihrer Gesamtlänge einwandfrei befahrbar sein und für die CI-Wettkämpfer gleiche Bedingungen für Rechts- oder Linksschläger (-fahrer) aufweisen. Eine ideale Streckenführung sollte Rückwärtsmanöver einschließen. Das letzte Tor einer Wettkampfstrecke muß sich mindestens 25 m vor der Ziellinie befinden.
Die *Tore* bestehen aus zwei an einem Querstab hängenden Torstäben,

welche für Abwärtstore mit fünf grünen und fünf roten und für Aufwärtstore mit fünf roten und fünf weißen Ringen gekennzeichnet sind, von denen der letzte unterste Ring immer weiß sein muß. Die Tore müssen eine Breite von mindestens 1,20 und höchstens 3,50 m aufweisen. Das untere Ende der Torstäbe soll sich etwa 15 cm über der Wasseroberfläche befinden, darf aber nicht der Wellenbewegung des Wassers ausgesetzt sein. Die Tore sind in der Reihenfolge ihrer Numerierung und in der vorgeschriebenen Richtung zu befahren. Das mit «T» (Team) gekennzeichnete Mannschaftstor ist während eines Mannschaftswettkampfs (3 Boote = eine Mannschaft) innerhalb von 15 Sek. zu durchfahren.

Die *Befahrung eines Tores* beginnt, wenn Boot, Körper oder Paddel einen Stab berührt oder der Oberkörper des Wettkämpfers die Torlinie überquert. Sie ist beendet, wenn Boot und Oberkörper (beim C II der beiden Fahrer) die gedachte Torlinie zwischen den Torstäben durchfahren haben. Die Befahrung ist korrekt, wenn ein Tor ohne Berührung der Torstäbe mit Körper, Boot oder Paddel in vorgeschriebener Richtung durchfahren wurde. Unterschneiden der Torstangen oder ein mehrmaliges Anfahren eines Tores ohne jede Berührung der Torstangen und ohne Überqueren der Torlinie durch den Oberkörper des Wettkämpfers ist gestattet.

Strafpunkte

  0 Strafpunkte: korrekte Befahrung eines Tors.

  5 Strafpunkte: Befahrung eines Tors in korrekter Fahrtrichtung, jedoch bei Berührung eines oder beider Torstäbe; die wiederholte Berührung desselben Torstabes wird nur einmal geahndet.

50 Strafpunkte: absichtliches Wegstoßen eines Torstabs, um eine Torbefahrung zu erreichen;
Durchfahren der Torlinie mit gekentertem Boot, wobei der Oberkörper des Wettkämpfers (beim C II eines der beiden) sich unter Wasser befindet;
Durchfahren eines Tors in falscher Fahrtrichtung, sofern der Körper des Wettkämpfers die Torlinie dabei überquert;
Auslassen oder Verfehlen eines Tors; als Auslassen oder Verfehlen wird gewertet, wenn ohne Berühren einer Torstange oder Überqueren der Torlinie des in der Numerierung richtig folgenden Tors bereits mit der Befahrung des nächsten begonnen wurde;
Überschreitung der Befahrungszeit von 15 Sek. des ‹T›-Tors durch eine Mannschaft.

50 Strafpunkte sind die höchsterreichbare Strafpunktzahl an einem Tor.

Die Anzeige der Strafpunkte erfolgt durch Torrichter mit Hilfe entsprechender Signalscheiben.

Jeder Wettkämpfer, der sein Boot verläßt, scheidet für den betreffenden Lauf aus und muß die Wettkampfstrecke sofort verlassen. Diese Regel gilt auch für den Mannschaftswettkampf.

Bei Meisterschaften werden auch für Mannschaften 2 Läufe in einem Wettbewerb vorgeschrieben. In die Wertung kommt der jeweils beste Lauf.

Das Ergebnis wird wie folgt errechnet: Fahrtzeit des Wettkämpfers in Sekunden plus Strafpunkte (-sekunden) = Ergebnis. Bei Mannschaftswettkämpfen werden zur Fahrtzeit alle Strafpunkte der drei Boote eines Laufes hinzuaddiert.

Wettkampfregeln Wildwasserrennsport

«Das Wildwasserrennen ist ein Wettkampf mit dem Ziel, eine bestimmte Strecke auf einem wildbewegten, schnellfließenden Wasserlauf in möglichst kurzer Zeit zurückzulegen» (Wettkampfbestimmungen Wildwasserrennsport).

Wettkämpfe, die auf Strecken unter der Wildwasserstufe III ausgeführt werden, bezeichnet man als Abfahrtsläufe. Die Länge einer Wettkampfstrecke richtet sich nach den benötigten Fahrzeiten (Mittelwert) einer Klasse und reicht von circa 10 Minuten bei den Schülern bis zu 45 Minuten bei den Herren. Die Wettkampfstrecke muß in allen Teilen befahren werden können. An gefährlichen Stellen können Richtungstore die günstigste Durchfahrt kennzeichnen. Das Umtragen schwieriger Stellen ist nicht gestattet. Jeder Wettkämpfer, der von einem anderen Wettkämpfer eingeholt wird, muß dem Überholenden bei dessen Zuruf «Strecke frei» das Überholen ermöglichen. Wer einen Wettkämpfer nachweislich behindert, wird disqualifiziert.

Da das Wildwasserrennen eher ein Kampf gegen die Naturelemente als gegen den Konkurrenten ist, muß jeder Teilnehmer, der einen anderen Wettkämpfer in Gefahr sieht, sofort helfen. Eine unterlassene Hilfeleistung führt zur Disqualifikation (eventuell sogar auf Lebenszeit).

Wenn ein Wettkämpfer kentert, kann er sein Rennen zu Ende fahren, sofern er den Wasserlauf nicht verläßt und keine fremde Hilfe in Anspruch nimmt.

Gewertet wird die Fahrzeit in Minuten, Sekunden und deren Bruchteilen. Bei Zeitgleichheit erfolgt eine gemeinsame Placierung der Wettkämpfer. Dadurch entfällt der entsprechend nächste Rang in der Ergebnisliste.

Sonderbestimmungen (DKV-Bereich)

Kanuslalom-Ranglistenrennen (SL-RL) werden durchgeführt mit dem Ziel einer permanenten Ermittlung der Leistungsspitze, insbesondere als Vorqualifikation zur Aufstellung von DKV-Auswahlmannschaften. Jährlich werden mindestens drei RLR ausgetragen. Dabei muß die Terminierung der RLR in die vom Trainerrat vorgeschlagene Trainingsperiodisierung passen.

Teilnahmeberechtigt sind alle Angehörigen der LK I bis Seniorenklasse. Jugendliche Fahrer erhalten eine Startberechtigung nach den Ergebnissen der letzten Deutschen Jugendmeisterschaft im Kanuslalom: Die ersten zehn Boote der männlichen Jugend im KI, die ersten fünf Boote der weiblichen Jugend im KI, der männlichen Jugend im CI sowie im CII. In begründeten Fällen können durch den DKV-Fachwart und den Bundestrainer bis zu vier weitere Boote je Kategorie benannt werden.

Bei einem Sieg erhält der erstplacierte Fahrer 0 Punkte, der nächstplacierte Fahrer die Differenz zum besten Ergebnis in Sekunden.

Beispiel: Sieger Fahrer A 200,00 = 0 Punkte

         2. Platz Fahrer B 201,6 = 1,6 Punkte

         3. Platz Fahrer C 205,0 = 5 Punkte

Die Addition der Ergebnisse von drei RLR ergibt das Gesamtergebnis. Es werden immer die letzten vier Rennen zur Wertung herangezogen, wovon das schlechteste ausgeklammert wird. Da immer nur die vier letzten Rennen zur Wertung herangezogen werden, entfällt automatisch das älteste von fünf Rennen.

Wildwasser-Ranglistenrennen (WW-RL) entsprechen der Zielsetzung der RLR im Kanuslalom. Die WW-RL wird jedoch getrennt geführt bei Senioren und Jugendlichen. Die Anzahl der Rennen beträgt mindestens drei und höchstens fünf jährlich. Auf Antrag kann der DKV-Fachwart im Einvernehmen mit dem Trainerrat einem Jugendlichen die Teilnahme an der Rangliste in der höheren Altersklasse gestatten. Dadurch verliert der Sportler nicht die Startberechtigung bei den Meisterschaften seiner Altersklasse. – Die WW-RLR werden je nach Strecke unterschiedlich gewichtet. Das Ergebnis der einzelnen Ranglisten wird ermittelt, indem die von der ‹Ritter-Tabelle› ausgewiesene Punktzahl mit dem jeweiligen Wertungsfaktor multipliziert wird. Das jeweilige Zwischenergebnis eines Sportlers ist die Summe der beiden bis dahin besten Einzelergebnisse des jeweiligen Jahres.

Kanuslalom-Vereins-Pokal-Wettbewerbe (SL-VPW) ermitteln die beste Vereinsmannschaft im KI Herren. Der SL-VPW wird jährlich auf drei RLR, getrennt von den Einzelrennen, ausgetragen. Die Ermittlung des Ergebnisses ist die gleiche wie bei RLR, jedoch ohne Streichung des Ergebnisses eines Rennens, da der Pokal jährlich ausgetragen und neu gewertet wird.

Wandersport-Wettbewerbe

Noch vor einigen Jahren lehnte die Mehrzahl der Wasserwanderer
Veranstaltungen ab, die ihre Art des Kanusports mit sportlicher Leistung in Verbindung brachte, während es heute eine ganze Reihe von
Veranstaltungen gibt, die deutlich leistungsbezogen sind. Die ständig
steigenden Teilnehmerzahlen beweisen, daß der sportliche Vergleich
immer beliebter wird.

Insgesamt 23 *Kanu-Rallyes* waren im DKV-Wandersportprogramm
für 1983 enthalten. Von den Teilnehmern wird das Durchfahren einer
meist in drei Etappen eingeteilten Flußstrecke innerhalb bestimmter
Zeiträume und unter Anlaufen von Kontrollstellen verlangt. Wer innerhalb der vorgegebenen Zeit bleibt, erhält je nach Bewältigung der
verschiedenen Etappen Plaketten in Bronze, Silber oder Gold. Die
Wettkampfbedingungen sind im Sportprogramm für das laufende Jahr
ausgedruckt. An solchen Veranstaltungen können in der Regel auch
Nichtmitglieder des DKV teilnehmen.

Wanderfahrerabzeichen des DKV, oft auch mit Sportabzeichen der
Wanderfahrer bezeichnet, ist der älteste Wettbewerb für Wandersport-
ler. Das Wanderfahrerabzeichen kann prinzipiell nur von Mitgliedern
erworben werden. Ausländer, die einem der ICF angeschlossenen nationalen Kanu-Verband angehören, können es ebenfalls erhalten,
wenn sie die Bedingungen erfüllen. Für dieses Abzeichen werden alle
Fahrten innerhalb eines Jahres (1. November bis 31. Oktober des
folgenden Jahres) gewertet. Sie müssen in einem Fahrtenbuch nachge-
wiesen und den zuständigen Wanderwarten bzw. als Einzelmitglied den
Obmännern eingereicht werden. Das Abzeichen wird in Bronze, Silber
und Gold sowie Gold mit Sonderstufen verliehen.

Das *WFA-Bronze* erhält, wer in einem Jahr mindestens 600 km (Herren) oder 500 km (Damen) zurücklegt und an einer Gemeinschafts-
fahrt des Verbands (Bezirks) teilnimmt.

Das *WFA-Silber* erhält, wer in einem beliebigen Zeitraum folgende
Leistungen nachweisen kann:

Herren: 4000 km und 25 Gewässerpunkte

Damen: 3200 km und 20 Gewässerpunkte

Einen Gewässerpunkt erhält man in der Regel für jedes Gewässer, das
in einer Mindestlänge von 15 km in einer Richtung befahren werden
kann. Längere Flüsse sind in mehrere Flußpunktabschnitte unterteilt.
Maßgebend ist das Flußpunktverzeichnis im Deutschen Fluß- und Zeltwanderbuch. Flußpunkte werden nur einmal gewertet, während bei
mehrmaligen Befahrungen derselben Flußstrecke die dabei zurückge-
legten Kilometer immer wieder angerechnet werden.

Das *WFA-Gold* erhalten:
Herren: 8000 km und 50 Gewässerpunkte
Damen: 6400 km und 40 Gewässerpunkte
Angerechnet werden dabei alle für das WFA-Bronze oder Silber gefahrenen Kilometer und Gewässerpunkte. Der Zeitraum ist ebenfalls unbegrenzt. Versehrte brauchen nur etwa 80 Prozent dieser Leistungen nachzuweisen.
Außerdem gibt es folgende Abzeichen:
DKV-Jugend und Schüler-WFA, das WFA der Internationalen Canu-Föderation (ICF), das TID-Leistungsabzeichen (für Teilnehmer an der Tour International Danubien) jeweils in Gold, Silber und Bronze. Ferner gibt es den Bodensee-Wimpel, das Weser-Wander-Abzeichen und das Wikinger-Wanderfahrer-Abzeichen. Die Bedingungen sind seit 1983 alle in einer Broschüre zusammengefaßt. Sie kann von der DKV-Geschäftsstelle gegen eine geringe Gebühr bezogen werden (Anschrift auf Seite 178 oben).

Organisationen und Anschriften

In der Bundesrepublik Deutschland ist die Interessenvertretung für alle Kanusportler der Deutsche Kanu-Verband e. V. (DKV). Er wurde im März 1914 erstmals gegründet und im März 1949 wiedergegründet. Zur Zeit gehören ihm 14 Landes-Kanu-Verbände an. In diesen sind etwa 90 000 Mitglieder organisiert. Sie gehören meistens einem der rund 900 Kanu-Clubs oder Kanu-Abteilungen größerer Sportvereine an. Einige sind als Einzelmitglied direkt Mitglied des Verbandes und gehören aus versicherungsrechtlichen Gründen den jeweiligen Einzelpaddler-Vereinigungen, aber keinem der üblichen Vereine mit Satzungen, Versammlungen usw. an.

Die nationalen Dachverbände des DKV sind:
Deutscher Sportbund (DSB)
Nationales Olympisches Komitee für Deutschland (NOK)
Deutsche Sportjugend (DSJ)

Die internationalen Dachorganisationen des DKV sind:
Internationale Canu-Föderation (ICF) und die
Alliance Internationale de Tourisme (AIT)
In der ICF sind nach bisherigem Stand 41 Mitgliedsverbände angeschlossen. Die Mitgliedschaft Südafrikas ruht zur Zeit.

Deutscher Kanu-Verband e. V. (DKV)
Geschäftsstelle, Bertaallee 8, 4100 Duisburg 1, Postfach 100950

KANU-SPORT Amtliches Organ des DKV
Schriftleitung, Bertaallee 8, 4100 Duisburg 1, Postfach 100950

Landesverbände
Badischer Kanu-Verband e. V.
Sonnenstraße 31, 6800 Mannheim 31

Bayerischer Kanu-Verband e. V.
Geschäftsstelle, Postfach 500120, 8000 München 50

Landes-Kanu-Verband Berlin e. V.
Verbandsbüro, Eisenhammerweg 22a, 1000 Berlin 27

Landes-Kanu-Verband Bremen e. V.
Adolf-Reichwein-Straße 1, 2800 Bremen 41

Hamburger-Kanu-Verband e. V.
Geschäftsstelle, Schäferkampsallee 1, 2000 Hamburg 6

Hessischer Kanu-Verband e. V.
Geschäftsstelle, Guntersburgallee 13, 6000 Frankfurt

Landes-Kanu-Verband Niedersachsen e. V.
Geschäftsstelle, Maschstraße 20, 3000 Hannover

Kanu-Verband Nordrhein-Westfalen e. V.
Geschäftsstelle «Haus der Verbände», Friedrich-Alfred-Str. 25,
4100 Duisburg 1

Pfälzischer-Kanu-Verband e. V.
Blütenweg 2, 6750 Kaiserslautern

Kanu-Verband Rheinhessen e. V.
Theodor-Heuss-Straße 69, 6520 Worms

Kanu-Verband Rheinland e. V.
Sachsenstraße 6, 5400 Koblenz

Saarländischer Kanu-Bund e. V.
Haus des Sports, Saaruferstraße 16, 6600 Saarbrücken 1

Kanu-Verband Schleswig-Holstein e. V.
Bleichenweg 11, 2400 Lübeck 1

Kanu-Verband Württemberg e. V.
Auenstraße 51, 7334 Süßen/Fils

Leistungszentren, Heime und Zeltplätze
Bundesleistungszentrum für Kanurennsport
41 Duisburg 1, Kruppstr. 30 a

Bundesleistungszentrum für Kanuslalom
89 Augsburg, Am Eiskanal 30 a, Tel. 0821/3 24 27 21

DKV-Heim Edersee
3546 Vöhl-Basdorf, Tel. 05635/2 02. Eigentümer: Deutscher Kanu-Verband. 48 Betten. Obmann: Heinz Krause, Ludwig-Isenbeck-Str. 4a, 4700 Hamm 3

DKV-Wanderheim Waakhausen
2862 Waakhausen, Post Worpswede. Eigentümer: Deutscher Kanu-Verband. 16 Betten. 20 Gemeinschaftsquartiere. Obmann: K. H. Haffki, Brahmstr. 20, 2870 Delmenhorst

Kanu-Wanderheim Mardorf am Steinhuder Meer
3071 Mardorf Nr. 133, Tel. 05036/4 74. Eigentümer: LKV Niedersachsen, Hannover. 63 Betten. Verwalter: Familie Schumacher

Wanderheim Barum
2123 Barum ü. Lüneburg.
Eigentümer: Hamburger-Kanu-Verband e. V. 30 Betten. Obmann: Hans Beug, Dehnheide 6, 2000 Hamburg 76

DKV-Zeltplatz Mainau
7750 Konstanz, Großherzog-Friedrich-Str. 81, Tel. 07531/4 42 59. Verwaltung: Ehepaar Kelemen

Campingplatz Neustein b. Laboe (Ostsee) mit bes. Stellplätzen f. DKV-Mitglieder
2304 Laboe ü. Kiel, Tel. 04 343/3 90. Pächter: Jochen Klindt, 2304 Stein

Kanu-Wanderheim und Zeltplatz ‹Otto-Vorberg-Haus›, Am Lippehafen 16, 4230 Wesel, Tel.: 0281/59 81. Eigentümer: Kanu-Verband Nordrhein-Westfalen, Anmeldungen nur über: KV-NRW Geschäftsstelle, ‹Haus der Verbände›, Friedrich-Alfred-Str. 25, 4100 Duisburg 1

Literaturhinweise

Zum Kanu-Wandersport

Broicher, P.: Kurzanleitung zum Aufbau der Kanu-Lehrgänge des KV Nordrhein-Westfalen. Februar 1977.

Czonka, Franz: Trainingslehre im Kanusport. – Eigenverlag 1974.

Engel, E.: Kanu/Kajak/Faltboot. 2. Auflage. – Busse-Verlag: Herford 1974.

Gründl, H.: Kanu-Fibel. – Meiller Druck u. Verlag GmbH: Schwandorf 1974

Kanu-Wanderführer für Bayern. 4. Aufl. 1973.

Kleinflußführer für Nordrhein-Westfalen. 3. Aufl. 1977.

Palm, J.: Ausdauersport als Freizeitsport. – Band 16 der Schriftenreihe Breitensport des Deutschen Sport-Bundes, 1976.

Rittlinger, H.: Die neue Schule des Kanusports, 5. Auflage. – Brockhaus-Verlag: Wiesbaden 1977.

Vesper, H. E./Heggen, R.: Kanusport in Wort und Bild. – Toeche-Mittler-Verlag: Darmstadt 1971.

Schriften des Deutschen Kanu-Verbandes e. V.: KANU-SPORT. Amtl. Organ des DKV, Jahrgänge 1970 bis 1983.

Das Deutsche Fluß- und Zeltwanderbuch. 20. Auflage 1974.

DKV-Auslandsführer Bd. 1. 4. Aufl. Österreich, Ost- und Südost-Europa.

DKV-Auslandsführer Bd. 3. Südfrankreich.

DKV-Sportprogramm. Jährlich erscheinendes Fahrten- und Veranstaltungsprogramm.

Sämtliche aufgeführte Literatur ist erhältlich bei der DKV-Geschäftsstelle, Bertaallee 8, 4100 Duisburg 1.

Zum Kanurennsport

DKV: Wettkampfbestimmungen für Kanurennsport, Ausgabe 1977.

Granek, I.: Kanusport. – Budapest 1970.

Harre, D. (u. a.): Trainingslehre. 3. Aufl. – Berlin 1971.

Matwejew, L. P.: Periodisierung des sportlichen Trainings. – Berlin 1972.

Meinel, K.: Bewegungslehre. 4. Aufl. – Berlin 1971.

Stiehler, G.: Methodik des Sportunterrichts. – Berlin 1973.

Wozniak, K. H.: Kanusport. 2. Aufl. – Berlin 1972.

Zum Kanuslalom und Wildwasserrennsport

Baur/Born/Knap: Konzept für ein Kanusport-Curriculum. Deutscher Kanu-Verband e. V. 1976.

Deppe, Ulrike: Das Leistungstraining im Kanuslalom unter besonderer Berücksichtigung des Kajakfahrens. (Unveröffentlichte Examensarbeit) Neuss 1975.

dies.: Einführung in das Kajakfahren – dargestellt an einer Übungsreihe zur Bootsgewöhnung und Kenterrolle in der freiwilligen Schülersportgemeinschaft der Gemeinschaftsschule Neuss-Erfttal. (Unveröffentlichte Examensarbeit) Neuss 1977.

DKV-Wettkampfbestimmungen für Kanuslalom und Wildwasserrennsport

Gerlach, Jürgen: Die physiologischen und sportmedizinischen Grundlagen der Kraft- und Ausdauerarbeit Jugendlicher im Kanuslalom und Folgerungen für das Training Jugendlicher. (Unveröffentlichte Examensarbeit) Neuss 1976.

Harre. Dietrich (u. a.): Trainingslehre. – Berlin (Ost) 1971.

Knap, Karel: Unified Training System. – Hannover (New Hampshire) 1971.

Knap, Karel (u. a.): Grundtechnik des Kanuslaloms. – In: Praxis der Leibesübungen 15 (1974), 6, 115–117.

Knap, Karel (u. a.): Spezielle Kanu-Steuertechnik – Canadierschlag. – In: Praxis der Leibesübungen 16 (1975) 6, 113–114.

Knap, Karel: Übernahme und Anwendung des Intervalltrainings im Kanuslalom. – In: KS 44 (1975) 12, 246–249.

ders.: Überprüfung des Trainingszustandes. – In: KS 45 (1976), 2, 23–24.

ders.: Kurze Trainingslehre für Kanuslalom und Wildwasserrennsport. – Lübeck 1976.

Über die Verfasser

Horst Obstoj (Foto links), Jahrgang 1918, ist seit 1971 Pressewart im Deutschen Kanu-Verband. Im Rahmen der Öffentlichkeitsarbeit ist er im DKV auch verantwortlich für die Werbung. Für Zeitungen und das Fachorgan «KANU-SPORT» berichtete er von zahlreichen Veranstaltungen; während der Olympischen Spiele in München leitete er das Pressezentrum der Regattabahn Oberschleißheim. Den Kanusport betreibt er seit 1932; er ist mit allen Gebieten dieses Sports vertraut und noch heute aktiver Kanuwanderer.

Karel Knap (Foto Mitte), Jahrgang 1923, studierte an der Karls-Universität in Prag Sport und Geschichte; dort war er anschließend Dozent. Von 1959 bis 1968 trainierte er die Nationalmannschaft der ČSSR im Slalom- und Wildwasserrennsport; zudem war er für die Aus- und Fortbildung der Trainer zuständig. 1968 flüchtete er in die Bundesrepublik, wo er mehrere Spitzenvereine trainierte – so Düsseldorf-Hamm, Bayer-Dormagen oder Grevenbroich. Inzwischen als Lehrer im Raum Düsseldorf tätig, wurde er 1974 Bundes-Honorartrainer für den Wildwasserrennsport des DKV, für den er bereits im Rahmen der Olympia-Vorbereitungen des Slalom-Kaders erfolgreich tätig war.

Hans-Georg Suchotzki (Foto rechts), Jahrgang 1948, Diplom-Sportlehrer, ist seit 1974 Bundestrainer im DKV. Er begann 1961 mit dem Canadierfahren und wurde 1967 Deutscher Jugendmeister; bis 1973 gehörte er zu den erfolgreichsten Athleten. Teilnehmer an den Olympischen Spielen in Mexiko (1968) sowie an Europa- und Weltmeisterschaften.

Sachregister

Fotonachweis

Bundesministerium für Verkehr: 169, 170
DKV-Archiv: 10, 52 rechts
DKV-Archiv:
  Bruno Bär: 21
  H. Esser: 57
  Klaus Flöter: 8
  Helmut Harmel: 15
  Udo Heuer: 63
  Karl-Heinz Hofmann: 13 oben links u. Mitte, 52 links
  H. Hußmann: 53
  Wolfgang Liefering: 51 oben
  H. Richter: 58
  Herbert Rittlinger: 48
  Manfred Rothe: 38
  Karl Ruppert: 44
  Harri Schukys: 42
  Dieter Seefeldt: 36, 60
  Seybold: 51 unten
  Jürgen Stecher: 55
Hubert Elsner: 70–117
Klepper-Werke: 25
Karel Knap: 118–166; Abbildung 129
Horst Lichte: 13 unten, 14, 19, 28, 30, 32, 33, 35, 40, 59
Horst Müller: 64
Horst Obstoj: 26, 31, 47, 66
Rowohlt-Archiv: 13 oben rechts
Sven Simon: 68

Wassersportliches

Horst Schlichting
Segeln (8643)

Hans Georg Kauth
Fahrtensegeln (7021)

Jörg Diesch
Regattasegeln (7046)

J. und M. Charchulla
Windsurfing für alle (7620)

J. und M. Charchulla
Windsurfing für Meister (7607)

Werner Freitag
Schwimmen (7003)

Kurt Wilke
Anfängerschwimmen (7032)

Kurt Wilke (Hg.)
Schwimmsport Praxis (8608)

H. Obstoj, K. Knap, H.-G. Suchotzki
Kajak und Canadier (7018)

Walter Schröder
Rudern (7010)

Siegfried Ihle
Sportfischen (7017)

Erhard Schulz
Tauchen und Schnorcheln (7020)

SPORT
ro
ro
ro
ro

C 2330/3